拾荒的人

香港拾荒者勞動紀實

編著 鄧永謙
採訪 李慧筠 潘曉彤

社會各界人士誠意推薦，
一起認識常與你我擦身而過的拾荒者。

程展緯 ／ 獨立勞工研究員

拾平台喜歡叫義工們稱呼拾荒者為「街坊」，說的是讓義工明白彼此平等對待的重要，一個稱呼的考量看到這團隊的工作理念。

「街坊」既不是路人，又不是工種，在制度外也總會是穿越制度中，我們說大家都是「街坊」，就是在日常社區中構連成有溫度的共同體。

看《拾荒的人》，你既看到街坊的個人故事， 使他們在你面前不再面目模糊，也帶你連接到制度政策視野中，看到起初原以為是個體挫敗的故事，其實背後是我們共同制度下生產的不公。

我期望大家閱讀後用自己的方法加入成為拾平台的街坊，一起修正不公。

黄洪 ／ 香港中文大學社會工作學系副教授（教學）

「拾平台」是一個有影響力的社區工作組織，成功改變了大眾對拾荒者的負面看法，並有效連結拾荒群體、學者及其他團體進行政策倡導。作為一個基督教機構，拾平台致力於將教會與拾荒者連結，將基督徒的慈善關懷擴展至宏觀的社會政策關注。該平台通過社會創新，運用設計、電影等多元手法推動社會改變。本書《拾荒的人》細緻總結了「拾平台」對拾荒群體的工作，介紹多元的實踐經驗，並展現不同界別人士的觀點，是香港市民與學生不可錯過的好書。

林善 ／《不赦之罪》導演

香港人對拾荒者的身影不會感到陌生，本書難得的是在媒體常見的報導方向以外，提供了更多不同角度，讓讀者深入認識拾荒議題，更重要的是其對眾拾荒者生活和生命故事的記錄。透過拾荒者的自述，了解他們如何開始拾荒回收的工作，以及工作日常上面對的難處，使議題不再只是限於冷冰和遙遠的數字，而是與你我生活密切相關的香港故事。

贊助出版名單

按英文字母及筆劃順序排列

Chan Wai Yin、Chai Hoi Lam、Cheung Ezrela Yee Yan、Chor Hiu Kwan、Fong Man Ying、Lam Ching Kwok、Lau Yin Na、Tam Man Hon、Wong Hung、Yip Chung Tung、Yiu Wing Shan、李念先、吳偉釗、吳宜海

感謝支持！

NTENTS

第二部分
「拾義之城」：我城十二種看拾荒者的視野

CONTENTS

目錄

Hactl

關於「拾平台」——起源與理念

拾平台於2018年成立，是新福事工協會轄下部門「關懷貧窮學校」所組成的一個專門關注拾荒群體的組織。目的是與一群站在環保回收工業最前線的拾荒者持續同行，關注回收業發展對拾荒者的影響，以及改善他們的工作處境。透過持續的外展探訪建立關係，提供適切的充權和服務予拾荒者，藉此亦進行研究和倡議工作，向政府和公眾表達研究的建議。同時邀請社區不同的持分者一起參與拾荒議題，與拾荒群體同行。

拾平台理念：

1. 持續與拾荒群體同行。
2. 恢復拾荒者的尊嚴和社會經濟地位。
3. 讓社會認同拾荒者對環保和回收業的貢獻。
4. 讓拾荒者在工作與生活方面感到豐盛與滿足。
5. 推動以環境為本的環保回收政策。

2012年起，筆者除了從事關懷貧窮教育（關懷貧窮學校）的工作外，[1]亦開展了帶領義工探訪社區的關懷行動，在進入社區的過程裡，我們經常接觸到一些服務對象如清潔工友、無家者群體和拾荒者等。我們每月都會與義工們探訪這些對象，主要形式是派送一些生活物資，與接觸對象傾談建立關係，並且鼓勵義工們建立一個持續的習慣去探訪他們。[2]這種方式藉著探訪過程關心服務對象和傳遞基督教信仰（傳福音），大部分基督教服務團體，都是採用這種方式進行社區關懷。有感於本地貧窮問題日漸嚴重，基層群體的生活都處於水深火熱中，大部分人對貧窮的理解再不是停留在只有個人問題的因素，大眾都在思考貧窮與結構性的制度和不公義的分配之間的關係，同時也在思考如何在這種實際的處境中實踐上帝的公義與憐憫。

於2017年9月國內發生回收業停收本地廢紙事件，導致本地不同的社區出現「紙皮圍城」的罕見情況，所有地區的街道上都充斥著被遺棄的紙皮，[3]我們才發現原來拾荒者在社區進行的回收工作，是對社會運作有著如此重要的影響。由於無家者與清潔工友的議題已有不少團體參與關注，我們認為不應重複別人過往的努力和導致資源重疊，應該要嘗試去關注未有太多人去服務的拾荒群體。另外一個要做倡議研究工作的原因，是因為在關懷貧窮教育工作中觀察到，參與者不論是學生或信徒，都對基層群體的認識只是一知半解，很少有深入探討其群體面對的結構性問題和處境狀況，並且對有關於不公義為弱勢帶來的欺壓與邊緣化的討論更少，因此在2017年尾初步確定組成拾平台。

「拾平台」的意思，就是希望透過這個平台（platform）凝聚願意關注拾荒議題的團體們，一起去參與開展服務和研究此課題，並且嘗試在社區用不同方式，去建構友善對待拾荒者的措施。我們期望能夠透過社區發展工作手法和議題倡導工作，能夠增加大眾對拾荒者的身分認同感，捍衛他們在工作處境中的權益，為他們爭取行業中合理的報酬與待遇，並且遊說政府關注拾荒群體的福祉。在信仰的角度，平台希望能夠透過對他們的關顧與認同，從社會的被污名化與排斥，到恢復拾荒者的尊嚴，恢復上帝創造人類本身的尊貴形象，恢復他們的社經地位。筆者認為本地社福機構的發展，是伴隨著香港整體形勢而轉變，由慈惠事業的形式，到倡導政府解決社會問題，再走到進入地區開展為社區充權的發展工作，這些寶貴的經驗得來不易。而拾平台正是幸運地認識到一群在地區從事社區發展工作的朋友，給予我們最大的支援，同時我們認為作為基督教機構，或甚至是教會開展的社區工作，都必須嘗試探索倡導權益工作與政策研究的可能性。

弱勢社群倡導工作的核心

黃和平
香港社會服務聯會政策研究及倡議總主任

回想十多年前我開始在機構任職不久，上司要求我去構思一個有關長者貧窮的研究，當時我立刻便想到拾荒議題。在富裕的社會中，看到佝僂的長者推著沉重的紙皮，還有什麼比這畫面能更能喚起我們的惻隱之心？如果我們要拍攝一張相片，在繁華鬧市燈火下，拾荒者在名店門外執拾紙皮，這大概是競逐最佳新聞相片大獎的好題材吧！

因此，當我開始思考如何進行這項拾荒者的研究時，基本上就把研究想像為拍攝新聞相片，這張相片是要反映貧窮問題、是社會不公問題、是政策制度問題，拾荒者本身卻只是「核心問題」的包裝紙。後來研究完成了，筆者便繼續關注本地貧窮和不公義的問題，社會有關拾荒者的事件倒沒有再多加關注，因為在筆者心目中會認為處理了貧窮和不公義的問題，不就是等於處理了拾荒議題嗎？直到有一天，拾平台的同事再次邀請我加入他們的研究計劃。

我記得第一次看拾平台設計的問卷，那時心想，為什麼需要在問卷上問這些問題？有必要問得這麼細緻嗎？記者有興趣關心這些問題嗎？了解拾荒者回收的是銅還是鐵，會影響政策倡議的方向嗎？然後到收集問卷過後，進行資料分析時，我又想，為什麼要發布關於需要視拾荒為一種工作呢？為什麼要公眾認識拾荒者是否支持環保？拾荒者的議題若與政策扣連，大抵總離不開長者貧窮和勞動保障議題，或是環保回收議題，除此之外若談論其他東西，倒不是偏離了政策倡議的核心嗎？

但當我與拾平台接觸的時間越長，卻慢慢感受到當中真正的力量。我看到拾荒議題漸漸多人關注，看到拾平台的義工組織不斷壯大，看到社區不同人士，包括學校，團體都關心拾荒社群，甚至投入力量支援他們。這使我明白原來我才是偏離了核心問題。拾荒者以及關心拾荒者的人由始至終都應是那個核心的所在。拾平台就是建立起一條紐帶，讓拾荒者與關心拾荒者處境的人連結在一起。拾平台每次研究計劃組織的會議，總是開得很漫長（我要告解！我有恰眼訓的！），因為參加會議的人都不是從抽象的角度看拾荒議題，大家參與研究也不是為了去製造一張新聞圖片，而是大家在日常經驗與拾荒者相處中，都產生了自身所關心他們的真實議題，大家都希望透過問卷尋求答案，因此研究會議必須花大量時間協調彼此的期望。

我相信參與拾平台的每一位義工，都想去改變一些政策，都對公平的社會有一幅圖像，但是這些宏大的概念如果沒有具體的拾荒者與關心拾荒者的群體來盛載，一切只是空談。近年，不少人覺得香港為弱勢社群發聲的空間正在收窄，然而，拾平台的經驗似乎說明，只有真正回到「對」的群體身上，才可找到倡議核心的力量。政策可以帶來改變，知識可以帶來改變，傳媒也可以帶來改變，但這些最終都源於對人的關懷。海水退潮就知道誰沒穿褲子游泳，在倡議順境的日子，大家都能滿帶理想的向前衝，但在艱辛的日

子，才能看到什麼才是最堅實的力量。

路遙知馬力，看到拾平台的工作，我們還能說香港已沒有可努力的地方嗎？

序二

閱讀「拾荒」，看清時代！

龐一鳴 一、二拳書館創辦人

身為書店老闆，還是講講跟「拾荒」有關的書吧。

筆者第一本讀到有關拾荒的書，是2016年出版的《廢品生活：垃圾場的經濟、社群與空間》。研究團隊花了六、七年時間走入北京冷水村，與十多戶拾荒為生的家庭成為朋友，深入交流，最後出版《廢品生活》，作者希望「了解垃圾如何生產廢品從業員的群體、他們的理想與掙扎，以進一步思考我們作為消費者和垃圾的關係、和廢品從業員的關係、以至和未來的關係」。透過這本好書，筆者初次讀到垃圾創造的非正式經濟、拾荒者在垃圾場創業、育兒和追夢的故事，而不只是老弱傷殘為世所迫，只好拾破爛為生的悲情故事，一下子打破了對拾荒這主題的固有想像。原來垃圾和拾荒與環保和經濟有關之餘，還跟城市空間、身分認同、社會參與等等課題有著莫大關連。

相信是因為相關題材冷門，除了上述這本書之外，還有繁體中文書要到今年才出版的《家住垃圾山》。印度迪歐納垃圾山是全國最大的垃圾山，這座垃圾山有18層樓高，佔地估計有超過300英畝。1英畝大約是半個香港大球場，所以歐納垃圾山大約是150個香港大球場那麼大。地方之大固然誇張，更難以想像的是這座垃圾山已存在120年了！目睹人類貪欲之後遺：每天有5,500噸垃圾被送去！超過一個世紀的堆積，長期有1,200萬噸垃圾與超過10萬拾荒者共生！難以想像如果沒有拾荒者冒險犯難，承受被垃圾刺傷、吸入危害健康的毒氣，為各式「垃圾」行使復活儀式，孟買人的資本主義生活美夢又如何能夠繼續？沒有拾荒者為大家埋頭苦幹，城市人棄掉的有用東西，市郊的垃圾山恐怕再無法收容，一定堆積到市中心，再也無法眼不見為乾淨。原來資本主義社會能夠如常運作，拾荒者扮演著一個重要角色。

不過，無論北京、孟買的故事有多震撼，這些地方都跟香港的處境不同，讀起來都只是遙遠的喜怒哀樂。所以當知道「拾平台」將會出版《拾荒的人——香港拾荒者勞動紀實》，講述他們過去5年的工作、道出本地拾荒者的真人故事，還附上相關工作者的專文論述，筆者心情有點激動。或許時候真的到了，這城市

要看真日常生活中被忽視的這一板塊。如果能關注平常因為被忽視而沒被分析到的現象（社會學家布萊可斯稱之為非奇特現象），我們就能更透澈了解周遭的世界，重要的真相其實存在於被忽視和沒被看見的現象中（這段說話的觀點和部分文字引用自相關範疇的經典作《垃圾天使：清潔隊裡的人類學家》，這也是另一本必讀好書，關心拾荒議題的讀者不要錯過）。如果你以為《拾荒的人──香港拾荒者勞動紀實》只是關於「拾荒」和香港社會中那幾百位拾荒者，你將會錯過由這本書揭示出來隱藏了的真相：拾荒，跟所有人都息息相關，跟整個社會不同議題都環環扣連，拾荒議題，比你想像中更埋身。

身為書店老闆，總算讀過一些書。見證過一本書能夠引起思潮，也見證過一本書可以激發行動。期待《拾荒的人──香港拾荒者勞動紀實》在公民社會了無生氣之時，牽動民間討論被忽略了的真相，實踐更公義的社會。

生命影響生命——拾荒者的福音力量

龔立人
中文大學崇基神學院客席副教授

我們常有一個假設，可以影響生命的生命必然是相對地傳奇、有愛或堅韌。然而，拉丁美洲解放神學顛覆了以上看法，它認為貧窮人有一份福音力量（Power Evangelism），即貧窮人有改變其他人生命的力量。拾平台所講的拾荒者就是貧窮人。

什麼是貧窮人的福音力量？有些人傾向用比較思維來理解。例如：貧窮人比我們活得艱難，所以，我們不要太多抱怨，反而要感謝，因為我們有幸不是貧窮人。另一相對例子，若生活條件比我們差的貧窮人仍能咬著牙根生活，為何我們不可以呢！以上的比較思維不是我們所講的生命影響生命，反而踐踏貧窮人生命，因為按這邏輯，生活越不濟、越艱難的貧窮人就越能為我們服務。這理解絕不是拾平台所講的拾回尊嚴。

第一，貧窮人的福音力量是他們以他者出現，指出社會的不公義、污名化和冷漠，並邀請我們以同行的同在（walking in solidarity）回應。貧窮人向我們發出悔改呼召，包括社會制度悔改（從不公義到公義）、社會文化悔改（從污名化到尊嚴）、社會關係悔改（從冷漠到共融）。悔改不只牽涉個人情緒反應，更投入建立一個讓人充權和活得有尊嚴的生活環境。第二，貧窮人的福音力量是上主在貧窮人中，也是貧窮人之一。與貧窮人同行同在是一場靈性之旅。在其中，將人標籤的界線模糊了，甚至消失了，因為生命的連結和對他者的開放，新的團契誕生了。第三，貧窮人的福音力量保護了他們沒有因別人對他們的愛心而被主體、被消費，反而在述說出自己的故事時，他們的面容突顯了，也是尊嚴的基礎。這是拾平台等人在拾荒者中體驗了，也回應了貧窮人的福音力量。

貧窮人的福音力量不是要美化貧窮人，貧窮人不需成為道德模範才有福音力量。事實上，跟富裕人一樣，貧窮人中有自私的、有自我放棄的。雖是如此，貧窮人的福音力量不會因此消失，因為他們呈現在面容的尊嚴向我們發出令人扎心的呼召，即悔改與團契。拾平台等人就是因拾荒者的呼召而坐立不安，以「拾回尊嚴」行動回應。閱讀這書時，拾荒者的福音力量也攪動你呢！

編者自序

回顧2017年有關於拾荒者被票控一事，又剛剛遇上回收業寒冬，內地停收廢紙導致紙皮圍城的社會事件。拾平台在誤打誤撞的情況下組織起來，對本地拾荒群體的處境問題回應起來，發覺他們是一群被社會所忽略的人。縱使大家都經常在社區看見他們，有團體派物資給他們，也有義工經常探訪、為其禱告，卻又少見於能夠再進深了解和回應拾荒這個議題。為了不讓拾荒者只能夠成為人們被探訪、同情與談論的慈惠對象，拾平台嘗試跳出慈惠模式框架（Charity Mode）的社會關懷，開始了深入研究這議題的旅程。

出版這本書有兩個目的，第一個是本地環保回收政策將會逐漸改善和優化，特區政府的環境保護署近年積極將廢物處理和回收分類系統化，未來在各區都有可能會陸續規劃一體化的回收分類系統，所有的回收物料都需要統一地經外判商或中央回收。拾荒者有可能在這個過程中會慢慢被淘汰，仍有工作能力的拾荒者則視乎在回收業中有沒有其他的工種可給他們選擇，或將他們的事業轉型，嘗試從事其他的工種或參與社區工作。這本書會成為有關於本地拾荒議題的研究記錄，承傳了過往有關拾荒議題的經驗。

至於第二個目的是從較正面的方向去看，期望本書以不同層面去理解拾荒議題這回事，讓社區的持分者能夠參與關注。當大家常常看到傳媒報導有關於本地貧窮狀況時，必然會看見報章刊登的正是拾荒工作的長者，又或他們正在推著一疊疊紙皮的手推車橫過馬路，拾荒者在傳媒眼中已被定型為本地貧窮問題的象徵，這反映了公眾認識拾荒者的程度，只停留在階級與經濟向度的想像。雖然這種想像的連繫，亦可以是對拾荒者印象的其中一種看法，拾荒者會有來自基層的貧窮群體，但不等如所有拾荒者都只是面對貧窮的問題。拾荒議題除了牽涉長者貧窮層面的問題外，同時也與本地的環保議題、回收業的前景、勞動權益、社福保障的支援，以至社區規劃設計和友善對待弱勢的政策，都與拾荒者息息相關。因此期望這本書成為公眾研究此課題的其中一個參考。

再一次感激這本書內完成每一篇序或分享的作者，還有一起參與訪問的街坊黃姐、兩位蘭姐、好姐、珍姐和陸生、攝影師家豪、書寫街坊故事的曉彤和慧筠。您們都在拾平台的發展過程中有著舉足輕重的位置，這全因為你們願意無私地分享經驗與能力，才能造就這本書的出現。這本書仍然有很多不完善的地方，歡迎社會各界不同的持分者繼續研究拾荒這個議題，豐富其論述觀點。

最後感謝上帝的帶領與保守，祈願更多人願意參與其中與拾荒者同行。阿門。

「拾回尊嚴，友善同行。」

第一部分

「拾回尊嚴」的街坊故事

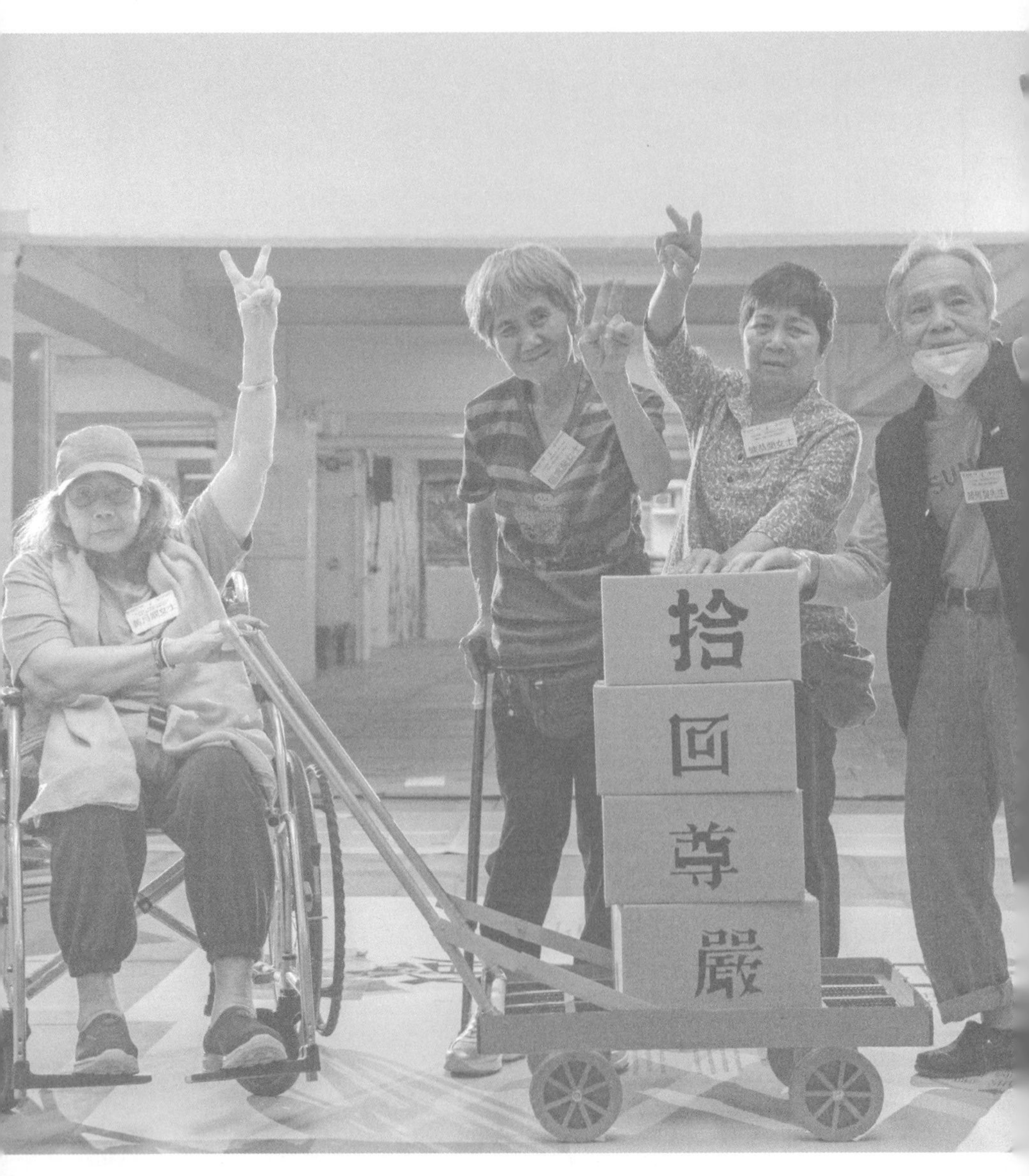
拾
回
尊
嚴

常常叫義工們稱呼拾荒者為「街坊」，是為了讓義工明白彼此平等對待的重要性，能夠令對方感覺被尊重和認同，並肯定他們是社區的一份子，不是遊離橫街窄巷的邊緣人。

對拾荒者的定義

在內地最早期研究拾荒者的學者不能不提及張寒梅，她穿州過省去到不同的城市尋找拾荒者的蹤影，並進行田野研究。她起初也是憑自身的想像認為拾荒者的處境十分可憐，夾雜著貧窮和被忽視，但當她進入他們的生活裡觀察，發現拾荒者不只是與負面詞彙掛上，他們與社區有著很多微妙的關係。[4]她在著作中第一次為拾荒者作了一次基礎的定義，認為拾荒應分為廣義和狹義，廣義的拾荒是「收荒」、「收購」，是指一個完整的回收過程。而狹義則是指「撿拾」、「分類出售」，是以一種行為來定義。[5]

為何要稱呼那些撿拾回收物的長者為「拾荒者」？張寒梅則認為這種對廢品回收工作從業員的稱呼，只是一種文學性的稱謂，筆者認為這稱呼並不是要刻意貶抑拾荒者的身分或污名化，只是一個較為普及而又容易讓人理解的一個名詞。[6]《拾荒的人──香港拾荒者勞動紀實》這本書的出版，主要是以她認為拾荒的「狹義」意思為骨幹，是以拾荒工作這種行為進行觀察和研究。在香港則還未發現有人對拾荒者這個名字或稱呼作進一步的歷史考究和定義，只是有很多人認為這種稱呼使別人對他們的印象傾向負面。但為何張寒梅前輩不認為這名字是負面？筆者認為關乎個人對群體的前設標籤和不了解，張氏透過進入拾荒者的處境，看見他們存在的價值，並有連繫著社區生態的重要性，她對拾荒者由心生一份尊重與欣賞，所以是從內心看見拾荒群體的多元與豐富。

據調查顯示，拾荒群體最希望大家不要刻意為他們改什麼特別名稱，只要稱呼紙皮婆婆、伯伯就可。又或如果知道他們的名字，也可直接稱呼，如陳伯、蘭姐等，感覺會更為親切。

拾荒者是非正式工人（Informal Worker）？

在國際視野的角度，全球每一個國家都存在拾荒群體，拾荒是指一種在社區以非正式工人（Informal Worker）進行廢物回收的工種，這種模式排除於正規（或官方）的廢物處理系統以外。[7]本地拾荒群體所擔任的廢物回收崗位，同樣排除於政府處理垃圾與回收的系統以外，他們的工作是參與在全球化的廢紙回收工業鏈的自由市場中，回收的產物會售賣予納入正規經濟的回收商，而回收原料被循環再造後的得益會歸於國家經濟效益的計算中。[8]然而卻只有從事非正規回收工作的拾荒者不被正名為回收產業的其中一員，他們需要面對社會對他們的污名化與社會排斥，面對政府制度對他們的不友善對待，就正如 Gutberlet（2008），Sembiring & Nitivattananon（2010）的研究認為一樣：「當局（政府）對非正規回收活動的漠不關心，加上社會對拾荒者的邊緣化和歧視，甚至應該要提供安全和公共秩序的政府機構對這類群體的忽視與迫害。這些層面都會對拾荒者的社會地位產生負面影響，導致社會排斥和影響公眾對這些群體持有的價值觀、信仰、文化和行為。」[9]

黃月嫻

上水黃姐

我執到自己
冇本事執為止

我最主要係（為）環保

即使沒看過《狂舞派3》，錯過了銀幕上**黃姐**戲如人生地飾演拾荒者的演出，現實中她以退休公務員身分出席公聽會，在議事廳內回顧求職時屢遭年齡歧視經歷、淚灑當場的一幕，香港人大概總有印象。當日，黃姐建議政府規劃長者就業措施，時任勞福局局長羅致光卻以一句「可以搵勞工處協助就業」回應，令人譁然。

這天在上水一間屋邨茶樓開定位，與這位老街坊邊吃邊聊。她昨夜顧著看《全民造星4》沒吃晚餐，被雷聲轟炸一整晚沒睡好，見面時依然精神爽利，任由一桌熱騰騰點心放涼，滔滔不絕地述說自己腰板挺直的大半生。

黃姐當日「半休」，年屆69歲的她近來已漸漸減少到街上拾荒。我們點了例牌燒肉、點心好多籠。她將好濃的普洱倒進自備的水壺之際，阿謙問她拿手機，邊用消毒紙巾拭擦著屏幕著笑說，當年勞工署後續的確多次主動聯絡提供協助，他亦曾陪同黃姐參加招聘會，然而雇主們要不就在知悉其年齡後藉故推搪，要不只提供清潔、倒垃圾等她不想做的工作。這些招聘會上拒聘用黃姐的雇主，無緣見識她的本領。

曾是「一打三」的醫院阿姐

說勤勉，黃姐11歲便已因沒錢交學費，問表姐借身分證到玩具廠「裝手腳」。成年後正式投入勞工市場，也打過不少工，她職業生涯中最長的日子就是在醫院病房及走廊度過。回憶昔日工作的光景，黃姐顯然歷歷在目，因為每當憶述往事，她都會皺著眉，以一人分飾兩角的方法，凝神重演當年自己與別人的神情和語氣。

黃姐曾是醫院「阿姐」，負責給病人斟水、遞衣服、帶「照鏡」，即使從事前線勞動工作，一直都憑專業獲得尊重。「我哋護士長教啲姑娘唔好叫人阿嬸，『叫人阿姐，人哋有名你哋叫㗎！』」。人稱「嫻姐」的她，很多事都一腳踢——經常一個人推兩部載有病人的「橋」（輪椅）在走廊間行走；照顧傳染病病人，要親手用刺鼻的消毒藥水浸床單、洗餐具，還要認住每套餐具屬於誰，不能搞亂。甚至未籌組工會、職責未被釐清時，她硬著頭皮幫忙「打包」，處理屍體。

說起醫院工作，除了個別人事問題，都是令她自豪的片段。一次姑娘請她幫忙到血庫拿些東西，急著用卻一時想不起名稱，「佢話『嗰兩個樽仔』，我就問係咪『筆culture』（blood culture）？她很驚訝，話『原來你英文都識？』」

她重演回答時的從容，「我話唔係，有時醫生巡房，我喺側邊聽到，聽下聽下就識。做咗咁多年，一日學一個都學識啦！」有時她也要到產房幫忙，有次產房「執仔」，眼見孕婦生不了，姑娘大叫「死喇」，急忙催促醫生過來，兵荒馬亂，黃姐心知不妙，「可能要用個鉗，英文叫『科石』（forcep），夾住個頭扯出來，我就即刻開焗箱，放對鉗去焗。」後來醫生趕至，叫護士預備工具待用時，一切已準備就緒。

筆錢使也要講原則

黃姐在職位統一轉型時被迫轉職，隨後不情願地提早「自願退休」。她離職時雖然只年屆50歲，醫管局考慮到因職位變更所致而酌情處理，讓她可食到「肥雞餐」，獲得一筆過「大糧」以及每月約2,600元的「長糧」（金額其後逐年遞增），但由於多年來一直獨力養家，毫無積蓄，離開醫院後不得不繼續工作維生，卻往往只能找到短期替工。

曾到診所替工，被阿姐們蝦，「呢間房你做，嗰間又係你做」，她也不計較，落力將廁所洗刷乾淨；眼見管事、醫生經常走進來，還擔心自己表現不夠好，後來才發現其餘每層都被其他清潔工鎖上，使人們集中使用她負責清潔的那一個。到了休息時間，即使「由頭濕到尾，件衫黐實嗰身」，她也怕被誤會偷懶，連到冷氣間休息都不敢——這一切都看在主管眼內，「替了三、四日，阿 sir 問我想不想做長工」。她知道對方想趁機解雇原來的清潔工，「即係搶人份工，佢做得唔好係佢嘅事，我說唔得，雖然等錢使，我冇答應」。

替工可解經濟上的燃眉之急，可遇不可求，但黃姐亦有她的堅持。一次有人請她幫忙替工，卻減她30大元時薪，只因洗手間正在維修。「不用洗廁所，又不是我不肯洗，關我咩事？有咩理由？」對方當晚及翌日再打電話求她幫忙，但薪金上始終不肯退讓，「唔加畀我仲要減我，我話你哋都加了人工啦，李卓人那時替外判爭取加人工，都五千一啦，仲畀四千幾，有咩理由？我就是不肯。」又有一次，住在新界的她清晨五時就起床，搭巴士到油麻地替工。下車後才不久就收到電話，被告知當事人決定銷假，「我話有冇搞錯，點解唔早啲打畀我？當時未有兩蚊優惠，我來回都要幾十蚊，車錢都蝕埋。」後來對方過年前再請黃姐幫忙，「我話唔好意思，我去旅行。其實我係氣唔順」。

執紙皮為幫人

講原則也始終要糊口，她常常翻報紙看求職廣告，卻每每因年齡難獲取錄，可幸後來找到一份派傳單的兼職。返兼職，她也懂得「work-life balance」——平日下午三時半開工，晚上七時半收工；早上有時到大會堂排免費飛，聽「也也烏歌星」唱歌，有時出市區睇戲，10蚊睇早場，再找間

免茶芥的茶樓飲餐茶。趕回去工作大半天後，她偶爾會走到麥當勞食啲嘢、涼冷氣。

一天，看見連鎖餅店在旁邊開張，她想起大會堂排隊時認識的阿伯說自己有得上樓，想張羅幾個大紙箱。黃姐便問經理拿了幾個——沒料到這竟成為她後來執紙皮的緣起，「美心個經理以為我執紙皮，之後一開箱就叫我，我又唔好意思推。咁我冇咗，心諗死啦，又靚又乾淨，唔通掉咗佢咩？」黃姐最初送給天橋底的阿婆，但阿婆接收了一星期後也不好意思，建議黃姐留返自己賣。

美心個經理以為我執紙皮，之後一開箱就叫我，我又唔好意思推。

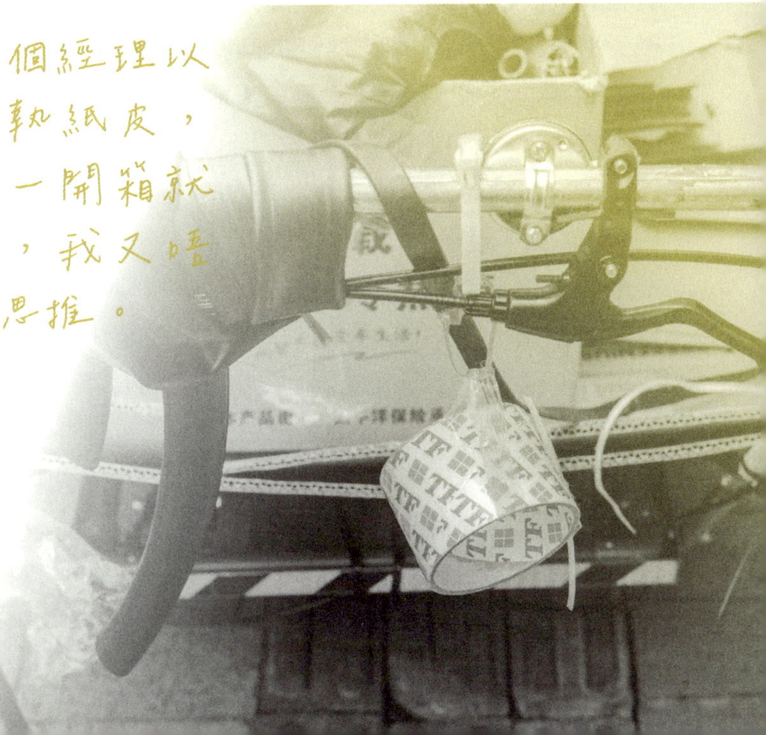

「我又冇車，只有把㓥刀，乜都冇，攞手指賣？」說來是無心插柳，黃姐半推半就地「入了行」，開始時卻交了好大筆學費──買二手車仔被抬價，鎖好車仍連番被偷，「一個月都唔夠，兩架車都畀人偷鬼咗，我執幾多紙皮先夠買車？」。「同行」介紹下，她學識跟回收鋪借車，沒料到食環「咁勤力」──晚上九點半才整理好紙皮、到大會堂聽歌的她，散場時發現兩部車仔已被剪鎖充公，「我話使唔使咁搏啊，夜晚晚充公我架車」。

從穩定供應到打游擊

這位初哥一開始算幸運，有連鎖餅店穩定給她紙皮，不久後旁邊再開了一間萬寧，「嗰陣時1蚊斤，好好㗎喇，一日都賣到兩車。初初唔係好識，唔敢疊到高一高，一車六、七十蚊，賣咗兩車都成百幾蚊！」

「我初嗰幾年露宿，一醒就即刻開工。」黃姐喝一口茶，漫不經心地提起自己無家可歸的四年。派傳單的年間，她因自動轉帳當天戶口沒足夠餘額而欠交租金，被房署驅離公屋單位，淪為「麥難民」。睡在快餐店的日子，她常常於區內流連，遇上了萬寧開張。她留意到每晚打烊後，員工仍繼續留守至深夜，在店內拆箱上架，便每夜在閘門前等待。有天，碰上幾個抽菸小休的職員，「佢話『阿姐你仲唔收工？又落雨又咁凍！』我話『我等你啲紙皮，聽日就畀人

執咗喇。』」這些對話，黃姐記得清楚，說那位職員好好人，替她私下問准經理，答應以後晚上先將紙皮儲起，讓她不用熬夜，囑咐她每天早上七點半前一定要來領取，翌日更送了她一件全新的外套，度過那個寒冬。

那些年間，受惠於自由行，藥房於區內一間接一間。有「水貨街」之稱的新康街一帶雖然有大量紙皮，因早有其他人「霸了地盤」，黃姐甚少到那一邊，「一有鋪就開，佢哋就推定架車去嗰度，行埋去就鬧你㗎喇。佢哋同嗰啲鋪頭都熟，擺定架車喺門口，鋪頭一拆就扔落佢架車度㗎喇。」集中於另一個商場收集商戶紙皮的她，卻沒能一帆風順——商場後來決定集中處理商戶丟棄的紙皮，轉交回收商。商場有藥房開張，知道黃姐「有手尾」，從沒將紙皮內的垃圾原地倒掉，有時丟掉的紙皮在門外大量囤積，商場清潔工收拾不來，太子爺會叫夥計趕到麥當勞找黃姐幫忙。

「執咗幾日，嗰個死人保安趕我走啊！」黃姐雖然生氣，亦記得誰為她出了口氣，「太子爺行出嚟，『咩事呀，我叫佢執嘅！你哋執唔晒，我咁貴租個鋪，仲要搵地方嚟同你哋砌、擺紙皮？』」那一天，黃姐滿載而歸，賺了400大元，太子爺更請她週末幫忙維持秩序，不讓水貨客把行李箱拖到店內。應約的黃姐隨機應變地借用旁邊空置鋪位外的空間疏導人流，忙了大半天，太子爺大讚好幫得手，「六點就叫我收工，我話未夠鐘啊老闆，今朝我要去賣紙皮都遲咗半個鐘。佢話唔使咁計較，就畀錢我，叫我以後逢禮拜六、日就過嚟，我幾開心啊」。

「我最主要係環保，
我執到自己冇本事執為止」

後來保安頻繁的嚴厲打擊，終令黃姐從商場租戶收集紙皮的「穩定收入」告吹，她改而到水貨街「打游擊」，說是「執佢哋唔愛嗰啲」──紙皮當中，原來有分高下，「佢哋只係愛大盒，唔愛細盒。」所謂「打游擊」就是趁午飯、晚飯時間，其他拾荒者四散吃飯時，直接向店外蹲著拆盒砌貨入喼的水貨客收集紙盒。「化妝品啲盒好靚、好硬。」黃姐用雙手比擬一個堅固的立體。那些質地好的紙盒因為「唔索水」，加上蓋和底部須各𠝹四刀，要花工夫「加工」，別人取易不取難，黃姐則靠「人棄我取」養活自己。

黃姐雙手光滑，乍看看不出經年粗重活。她笑說因為想隻手靚，所以一定戴手套，「我留咗少少指甲，『天然𠝹刀』嚟。」她有時會將手套脫去，只為撕除紙盒上的膠紙，因此不時擦損。

經黃姐處理的紙皮都特別整齊乾淨，多年來她堅持不向紙皮淋水，因此偶爾會有準備搬家的街坊找她買紙皮箱。「我最主要係（為）環保，我執到自己冇本事執為止。」當年兼

職派傳單時，她每天早上都出市區看戲，説起有次看見一對年輕夫婦執紙皮，她駐足良久，「上商場執落嚟，膠桶咁大，成塊浸落去，好似沖涼咁。」黃姐當時忍不住搭話，問他們點解要淋濕，對方則反問「點解唔淋」。她用力皺著眉，想必就如當日的神情，「我話『淋濕左會發霉，又有菌，人哋唔可以再造。』我話『我覺得你哋唔應該，你哋唔環保。』」黃姐很清楚，即使自己不淋水，回收商販在店裡都會再淋，「我知道，但到時再淋，起碼我睇唔到，我盡自己能力」。

露宿生涯 收穫街坊情誼

也許閱歷使然，黃姐待人處事總是心裡有把尺，自有分寸。做麥難民時，因為在這間24小時快餐店借宿，她堅持每天都「有幫襯」，有時更特意三餐都在那裡解決。看見有個手腳特別慢的年輕店員被其他同事杯葛，她總忍不住出手，幫他執執枱、綁垃圾。每晚到體育館洗澡，遇到剛打完球的人，她總會主動讓她們先洗。

過時過節西餅店的紙皮特別多，偶爾在中秋撿到過月餅，端午撿到過粽子，她都知情識趣，趁人少少時才走到店門前交還，店員怕被經理怪責，請黃姐以後發現亦不用歸還，讓她在紙箱外得到額外的收穫，孤身一人亦能應應節。黃姐提到，有熟稔的街坊更會幫將粽子拿回家雪藏，著她想

> 有移民回港探親的太太經過，
> 請她到大家樂挑一個想吃的飯，
> 我一看，嘩！最便宜那盒都38元。
> 我說就這盒吧。她叫我出去開工，
> 買好拿來給我。

吃時相告，會為她蒸熟帶來。

黃姐露宿街上經歷不少，也收穫不少。她在那家通宵營業的麥當勞倒閉後，轉到大會堂外空地露宿，「夜晚會被蚊擔咗去！」除了很多蚊，這個公共空間裡，她親歷演唱會排隊黨聯群結黨出動的猖狂，也見證過水貨客向她大批購入特定品牌的流心月餅大紙盒，其後才得知應是用於包裝冒牌月餅出售。那幾年間，她更與街坊建立起奇妙的連結。

流浪街上的四年，她深深體會到街坊們雪中送炭的可貴。很多人經過會跟她打招呼，其中有婆婆每天早上來「坐吓」，都會幫她撕紙皮。有太太晚上常常帶飯給她吃，「如果放假煲湯，佢一定拿來畀我飲。」有移民回港探親的太太經過，請她到大家樂挑一個想吃的飯，「我一看，嘩！最便宜那盒都38元。我說就這盒吧。她叫我出去開工，買好拿來給我。」也有人每隔幾個月會來探望，每次都帶一樽

沐浴液、一樽洗頭水給她。佳節臨近，有人將一盒「七星伴月」月餅、冰凍梨子綁在她的手推車上，至今她仍記得置中那個燕窩月餅的滋味。

在街上拾荒，難免會遇上執法人員，被驅趕甚或票控阻街。黃姐也不例外，一次有教會義工探訪帶來了蚊香，一罐足足有40餅，當晚才用了兩個，翌日食環處清場時一併充公，黃姐説起來依然心痛，「嗰個盒淨係裝住蚊香，你都望到是蚊香，好心畀返我啦，蚊香都攞埋我！」沒了蚊香，她雖然沒如跟教會義工開的玩笑般「被啲蚊抬走」，卻馬上就惹來橫禍，「嗰晚唔知係咪被毒蚊針，第二朝隻腳好像個紅色嘅波，吹到好脹就嚟爆咁樣」，接續發燒五天，病得她失去了部分記憶，更禍不單行，遇上食環再次來巡視，「嗰個阿sir都睇到我好辛苦，我話我唔郁得，你抬我啦」。模糊之際，她只記得有位相熟街坊經過，「佢話你發燒呀，我去買藥畀你食。我只是記得，咁上下有人拎隻手出嚟話夠鐘食藥。原來個女人幫了我三日。我問她，不是說要做替工嗎，她說『我可以唔去替啫，打個電話話有事』。佢話『我幫下你啦』。」初時她還不願到醫院，那幾天有位小姐放下了一把大太陽傘，又有人買來支裝水放在她腳邊。最終牧師墊支車費，街坊「捉」她乘的士到她較有信心的威爾斯急症室，留院觀察後最終亦無大礙。

今天的黃姐已成功輪候公屋單位，雖然無須再餐風露宿，那一段日子許多細碎的事情說起來恍如昨天，一些勤儉生活習慣不改。茶樓裡伴隨著街坊吵鬧與杯碟碰撞聲的四小時傾談過程中，黃姐一個接一個地將自己的水壺倒滿了普洱。餐桌上最後吃不完的鳳爪即使黏滿了凝固的醬汁，她拿出了膠盒，連同涼掉了的薄罉與粉粿盛好，說晚上回去再吃。隨身攜帶的這個食物盒是重用的雪糕盒，心水清的她說，這種蓋子密封穩妥，但從紙盒變膠裝盒的容量卻足足少了80毫升呢。

食物環境衞生署
FOOD AND ENVIRONMENTAL HYGIENE DEPARTMENT
N-5
SAST
10
Baxter

長者就業真係咁難？

認識黃姐是2018年的事，當時她是屬少老群體（67歲），剛退休不到兩年，找了很多工作都沒有一份合適或都是不願意聘請她。還記得她分享應徵連鎖快餐店的收銀員職位，那位經理知道是黃姐見工，即時反應是無奈一笑，然後叫黃姐「唔好講笑」。但他又不能因為黃姐年紀大而拒絕她，只好叫她等消息，轉過頭有位相對年輕很多的女士卻有面試的機會。這情況換轉應徵的是筆者，心裡定必委屈難受，**心想在香港究竟有多少長者像黃姐一樣被拒絕？長者就業是否困難重重？施政者又有沒有提供的政策支援長者就業？**筆者就曾與黃姐在政府推行「長者就業支援政策」時一起經歷過當中的問題與困難。

2019年4月筆者偕同黃姐出席當時立法會召開的公聽會，會上黃姐表達長者在本地尋找工作的困難和遇到年齡歧視的遭遇，而當時期的勞福局局長羅致光（已離任）回應黃姐，叫她找勞工署尋求協助，黃姐對局長的回應感到失望與委屈，社會亦因局長冷淡的回應而引起討論。[10]公聽會過後傳媒爭相訪問黃姐，亦引起公眾討論有關於長者就業困難的問題。當時黃姐聽取局長建議前往勞工處尋求協助，勞工處職員協助黃姐安排工作面試，結果獲得公立醫院的清潔工作面試，但去到面試那天，職員告訴黃姐該職位已請了人，要待其他部門有空缺才能夠有機會聘請她，還需要黃姐填寫四頁紙的表格。[11]

這次經驗實在令黃姐有點氣餒，原本以為勞工處的安排必然是「夠穩陣」，很大機會可以面試成功，誰不知勞工處有他們的配套支援就業，那邊廂醫院卻有另外的安排，可見處方與參與就業支援的雇主並沒有充分的溝通，而受害的卻是應徵的長者。之後的日子，勞工處也有介紹工作給黃姐，來來回回都有兩至三次，但全部都只是從事清潔的工作，可以選擇的工作種類其實很少，最後黃姐找工作的事宜便不了了之，她唯有繼續以拾荒工作維生。

67歲的黃姐在找工作過程的經歷，反映長者在本地勞動市場所遇到的困難。根據統計處2021年人口普查中關於長者部分，65歲以上長者人口有145萬。而長者勞動人口方面，2011至2021年間由65,900人大幅上升至2021年的

211,500人。[12] 這數字的上升反映長者對勞動就業的需求，但為何黃姐這麼積極的找工作都找不到適合的？是否黃姐太「奄尖」要求太高，不想工作的勞動性太高？又或長者其實根本沒有選擇的權利，到面試時只可以：「一係做，一係就唔好做！」？而且，勞工處所轉介的工種都是傾向低技術的工種，不是清潔工，就是保安員，這些工種都是低薪低技術工種，根據《長者就業情況：本港最新發展及海外政策比較》（2019）提及：「2018年本港逾四成（42.3%）在職長者從事低薪行業，[13]遠高於整體就業人口的相應比例（27.8%）。」[14]

黃姐過往從事公立醫院的服務員工作，一做就是二十年，見識不多但願意賣力工作，曾被同事與病人認同讚賞，她唯一的技能就是「服務別人」，但這技能在現實社會中難以量度，沒有任何學歷與認證，所以她的競爭力仍然是薄弱，結果退休後她仍只能找一些派傳單的零散工作，最後連派傳單的判頭都不做了，只能選擇拾荒回收的工作。然而，從事低技術、低薪酬工種的長者，大部分都是來自草根階層，他們需要工作收入來維持生活。

但我們的勞動市場，甚至勞工處能夠協助配對的，大多是艱辛吃苦，少人選擇的粗重工作，**為何在他們步向晚年和逐漸衰老的過程，社會仍只能夠提供勞動性高的工作來勞役他們？**在職場上我們有沒有可能投放多些資源去研究或設

計一個能夠友善地迎接基層長者，讓他們嘗試不同種類的工作？根據現時政府支援長者就業政策的措施，是由勞工處主力負責提供長者就業支援和協助配對工作的服務，當中有一個名為「中高齡就業計劃」，政府向僱主發放在職培訓津貼，鼓勵他們聘用年滿40歲或以上的失業求職人士，擔任全職或兼職長工，並為他們提供在職培訓。[15]

2025年1月立法會議員就「支援中高齡人士就業的成效」向勞福局進行提問，局方提供了過去7年的計劃數據。截至2024年11月，合資格參與計劃的個案有4,055宗，但最後能夠獲發在職培訓津貼就業的個案只有1,666宗（有初步申請津貼的個案有2,350宗），而聘請65歲以上人士的個案有320宗。[16] 雖然按過去7年的數據可反映參與計劃的數目有顯著上升，但若以21萬長者勞動人口（65歲人士以上）的處境來看，感覺較杯水車薪，難以滿足長者勞動人口的需求。計劃又是否唯一的方法可以鼓勵僱主聘請高齡人士就業？又或是否本地勞動的意識形態根本不歡迎高齡人士？

如果政府只是推行計劃鼓勵和津貼僱主聘請長者，對長者而言仍然是被動的，因為主導權在僱主那方。**我們仍是在有限的勞動市場內提供機會給他們，對長者的晚年而言，並沒有為他們帶來良好健康的生活狀態，只是將他們再次推向勞動的循環，最終都是面對被市場所淘汰掉**。有見及此，政府從社會福利和服務層面著手，補足勞動市場不能滿足的部分。於2023年2月開始，政府將長者綜援和長者生活津貼金額提升，現增加至 $4,250，[17]高齡津貼增至 $1,640。[18]至於社會服務層面，政府25年來致力推動締造一個讓長者「老有所養、老有所為」的城市，鼓勵長者過積極和精彩的銀齡生活，[19]有很多社福機構曾嘗試以不同方式去實踐，如不同的大專院校設立長者學苑，提供適合長者的教學課程，以學分計算形式讓長者有動力持續進修、增進知識；香港理工大學賽馬會社會創新設計院更研究「銀齡創業」的可能性，有長者設計了「長者防跌跳舞訓練」，以強化肌肉及改善身體平衡，減低跌倒碰撞的風險。[20]

政府和社會各界雖然已在人口老化和長者就業層面積極應對，並投放大量資源去回應需要，然而推動方向多以長者退休後的生活規劃為主，對於基層長者來說，他們晚年有可能仍然處於營營役役的狀態，就以拾荒者的處境為例，他們沒有可能參與長者學院持續進修，又或有時間到長者中心參與小組活動，要接觸他們就必須進入他們的工作環境了解，社會服務形式亦未必是最能夠支援到他們的需要。有見及此，有部分民間團體為拾荒者提供了一些專為他們而設計的服務，香港基督教信義會在新界北區持續服務拾荒者多年，推行了**「優化回收車計劃」**協助拾荒者在工作層面得到改

善，另外是探索拾荒者工種轉化的可能性，提供不同社會服務形式的工種給他們嘗試，並進行研究。[21]

新福事工協會轄下的拾平台邀請拾荒者成為**「社區老師」**，在「**真人圖書館」**活動中擔任嘉賓，若有人想認識拾荒議題，就可請教這班社區老師。社區老師這形式某程度上是以「充權」的向度去實踐，期望加強他們的身分自我認同，重建他們作為回收工作者的尊嚴，扭轉過往社區對拾荒者的標籤和污名化。[22]筆者所認識的黃姐已擔任真人圖書館的社區老師三年，她最喜歡就是和別人傾談，亦會毫無保留地分享她生活的點滴，真誠地訴說人生閱歷的感受。真誠的分享能夠感染別人，這種方式也令黃姐的能力能夠被釋放。成為社區老師後的黃姐自信心和自我認同感也增加了許多，更願意為拾荒群體發聲、在環保署官員面前勇敢地表達訴求。我們看見了她的成長，也見證著更多人欣賞黃姐和認同拾荒者對社區的貢獻。

筆者認為，**無論是長者就業的支援或「老有所為」的義工計劃，都需要「以人為本」地從長者的角度出發去思考，並且要將不同的長者群體分類研究**（如：拾荒群體、清潔工友群體等），**找出能夠為他們充權的獨特服務，找出能夠發揮他們能力的機會**。他們人生所需要的除了是金錢和認同外，最重要的是活得有尊嚴，活得像個人。

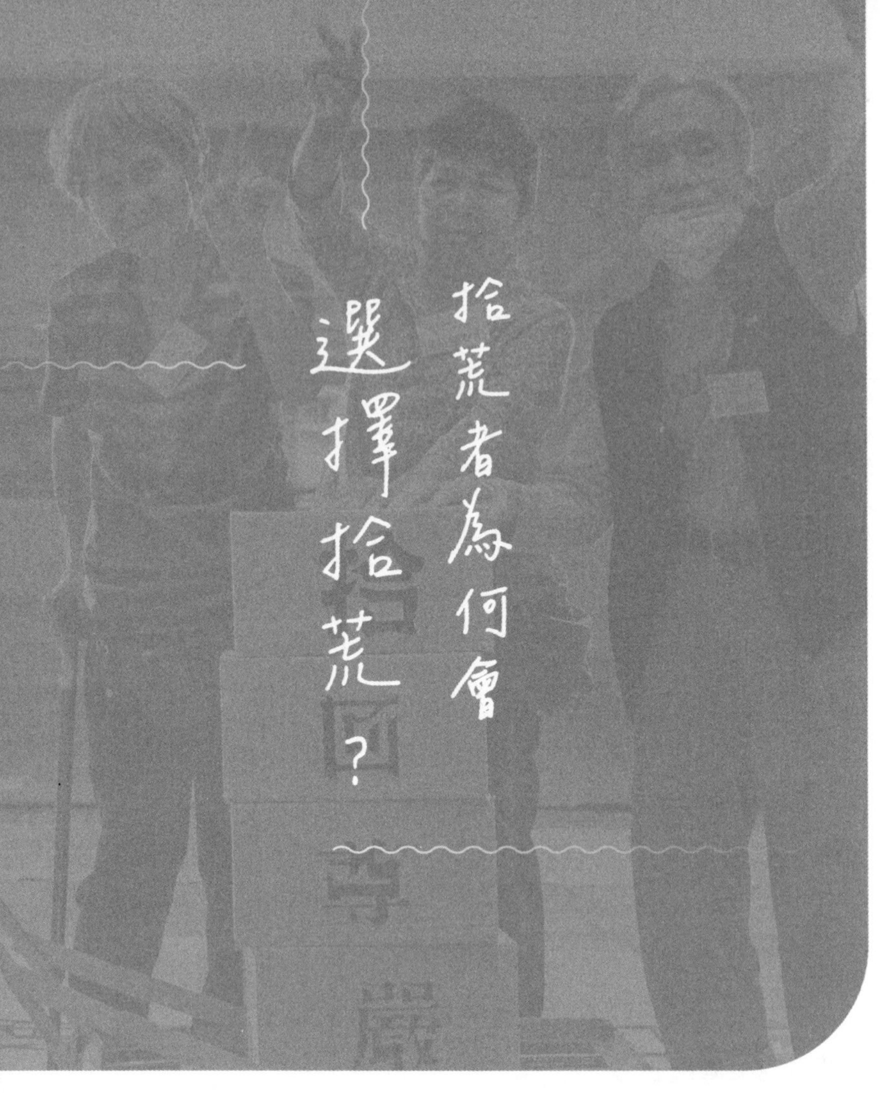

拾荒者為何會選擇拾荒？

綜合2023年全港拾荒者調查研究中訪問了701位有效問卷的拾荒者中，在性別分布上女性拾荒者仍佔大多數，達到81.4%，而男性則只有18.6%。在年齡分布上，大部分拾荒者的年齡在60-79歲之間，其中60-69歲的拾荒者佔37.9%，70-79歲的拾荒者佔36.8%。此外，有9.3% 的拾荒者年齡在80-89歲之間，20-59歲的拾荒者則相對較少。[23]

拾荒者性別分佈

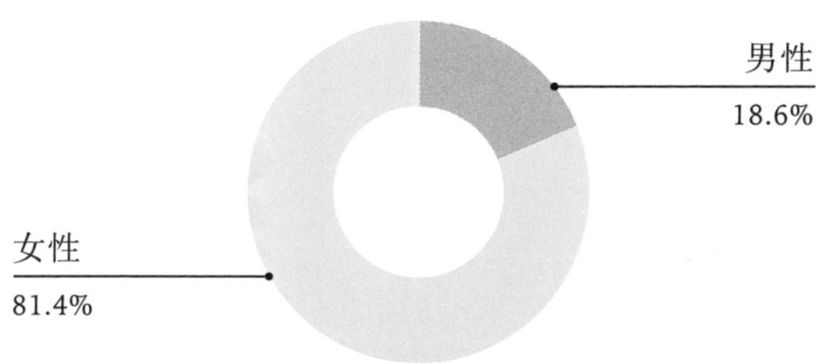

拾荒者年齡分佈

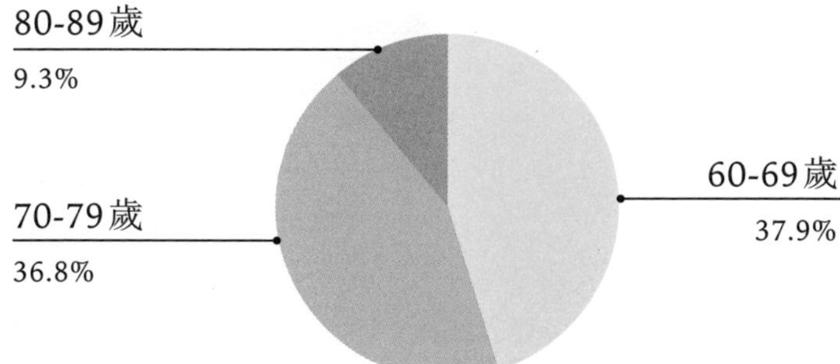

根據調查顯示，約30.9%的拾荒者表示他們拾荒是為了賺取基本生計，約61.7%的人表示他們拾荒是為了幫補生計。另一方面，約26.5%的人表示他們想有些細藝，並有16.1%的人說他們透過拾荒來與社區建立聯繫。此外，約40%的人表示他們拾荒是為了保持身體活躍，防止身體過早衰老，而約41.7%的人表示他們拾荒是為了支持環保。[24]

拾荒者拾荒原因

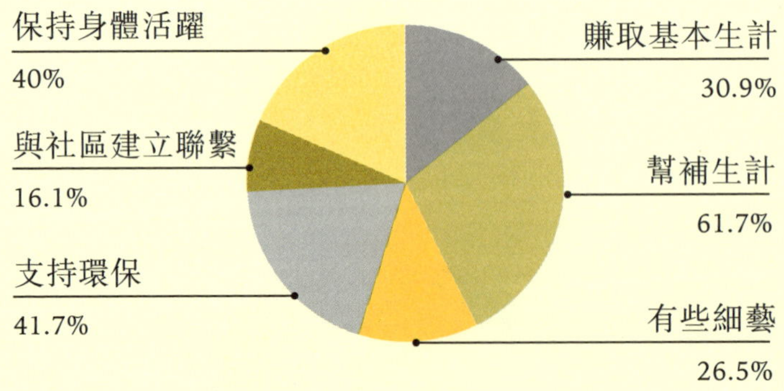

拾荒者的工作年期、時間和收入

拾荒者工作時長和時間段的分布。有關於拾荒工作的時間，最長年期的的是十年至二十年以下，有184人，佔26.6%，最短的時期則是六個月以下的49人，佔7.1%。受訪者平均每週工作5.8天，每天工作2.64轉，每日工作時數平均為5.26小時。而拾荒者的工作年期中位數為7年，每週工作天數的中位數為7天，每天工作轉數的中位數為2次，每日工作時長的中位數為5小時。[25]工作時段方面，大多數拾荒者會於早晨(6am-12pm)工作，有532人(75.9%)。其次是午更(12pm-6pm)，有479人(68.3%)。夜更(6pm-12am)有167人(23.8%)。而深夜(12am-6am)的拾荒者人數最少，只有36人(5.1%)。[26]

拾荒年期、時間

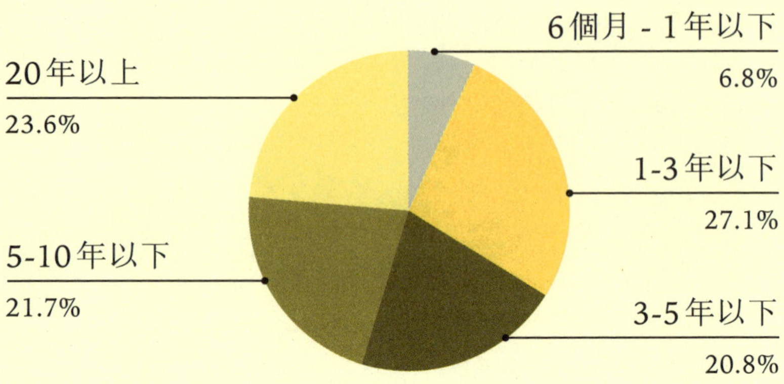

	工作年期	每週工作天數	每天工作轉數	每日工作時長
中位數	7年	7天	2次	5小時
平均數	/	5.8天	2.64轉	5.26小時

拾荒者工作時段

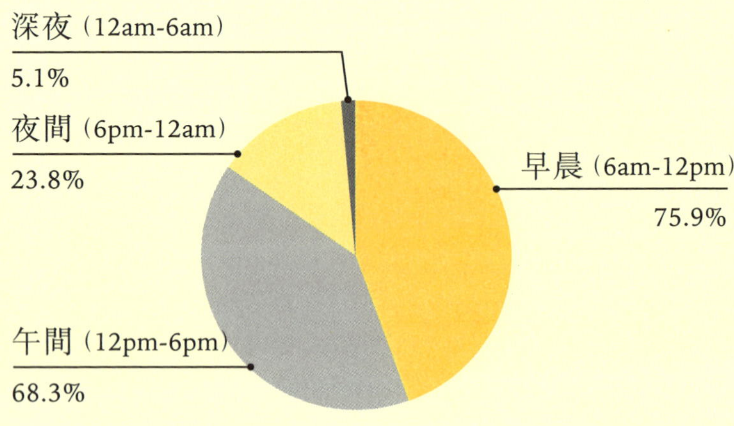

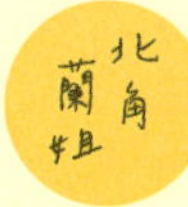

至於有關於拾荒者工作的回收量與收入方面，他們回收物品的重量，平均每次拾荒回收的物品重量為30公斤，平均每次拾荒的收入為 $36，中位數為 $25。大部分拾荒者的收入都在 $500以下(37.8%)，其次是 $1,000至 $2,000之間(27.2%)，再然後是 $500至 $1,000之間(21.8%)。較少數的拾荒者收入在 $3,000至 $4,000之間(6.6%)、$5,000至 $10,000之間(3.3%)和 $4,000至 $5,000之間(2.6%)。只有0.7% 的拾荒者收入超過 $10,000。平均回收工作收入為 $1,566.3，中位數則為 $750。[27]

拾荒者工作回收量、收入

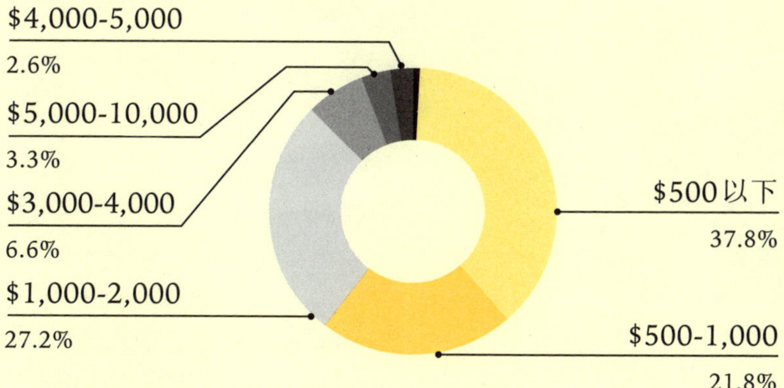

	拾荒回收的物品重量 (kg)	拾荒收入 (HKD$)	回收工作收入 (HKD$)
平均數	30	$36	$1,566.3
中位數	/	$25	$750

北角蘭姐

陳恭蘭

做到躝下躝下，直至做不到！

我做得好乾淨，個個都好鍾意。

早上，67歲的**蘭姐（陳恭蘭）**以北角春秧街街市的麵包鋪作為據點，開展一天的回收清潔工作。近年她有腰痛、身體內血小板有問題，所以她早已縮小工作範圍。中醫、壽司店的垃圾工作不做了，要去的地點不多，收一、兩個菜檔的紙皮和發泡膠箱後，她便去渣華道一幢大廈的公家樓梯做清潔、倒垃圾。

自從搬到黃大仙的公共屋邨居住後，蘭姐仍然每早七時出門乘車到北角工作。在北角生活近二十年，蘭姐跟街坊見慣見熟，不像黃大仙，公屋大樓的鄰居大多關上門，蘭姐每晚執紙皮後從北角回家，「早出晚歸，回來時他們還未醒，一個人都不認識。」蘭姐說，「好悶的，每天睇電視、瞓覺，我工作慣了，這樣不行。」

年中無休的回收清潔

「我做得好乾淨，個個都好鍾意。」蘭姐說，上一手大廈清潔工很少拖地，她則喜歡把樓梯扶手、地面抹個乾淨。十一時多，她下樓吃個早餐，回到大

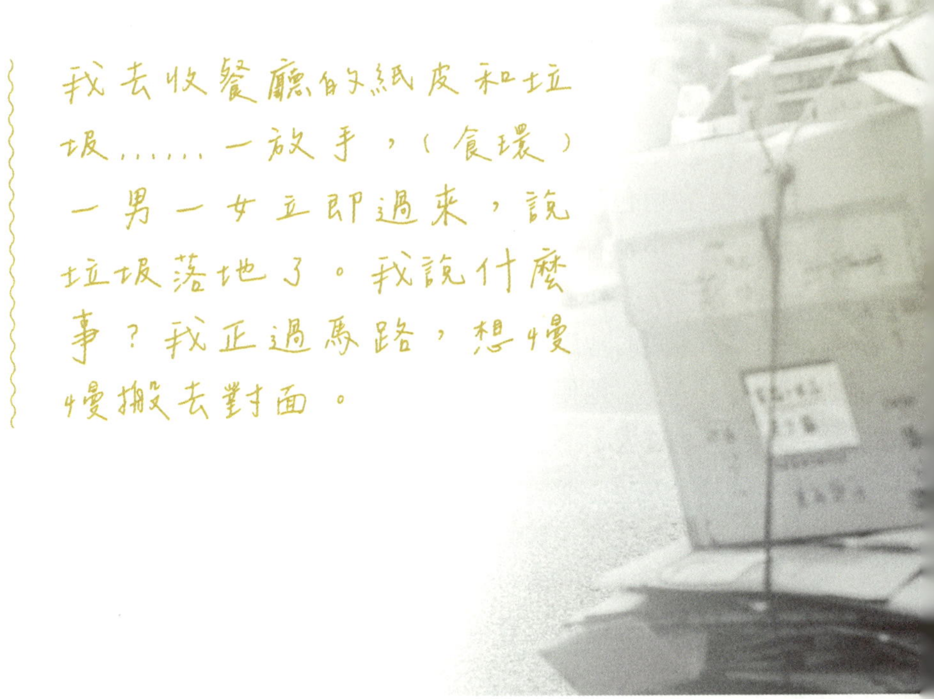

我去收餐廳的紙皮和垃圾……一放手，（食環）一男一女立即過來，說垃圾落地了。我說什麼事？我正過馬路，想慢慢搬去對面。

廈天台跟一把風扇作伴小睡，直至三、四時再處理未完的工作。傍晚她外出，收兩檔生果檔留給她的紙皮；有時看社福組織有沒有來派飯，「有派就早點出，沒有就晚點出。」

她把紙皮賣去渣華道回收鋪，每斤廢紙收8毫子，每天大約50元收入。如果好運一點，收到金屬可以賣去油街的回收鋪，有百多元進帳，不過機會不多，「我也想，但冇得執，好耐才有一次」蘭姐說，「而且沒位置放，放久了，食環署

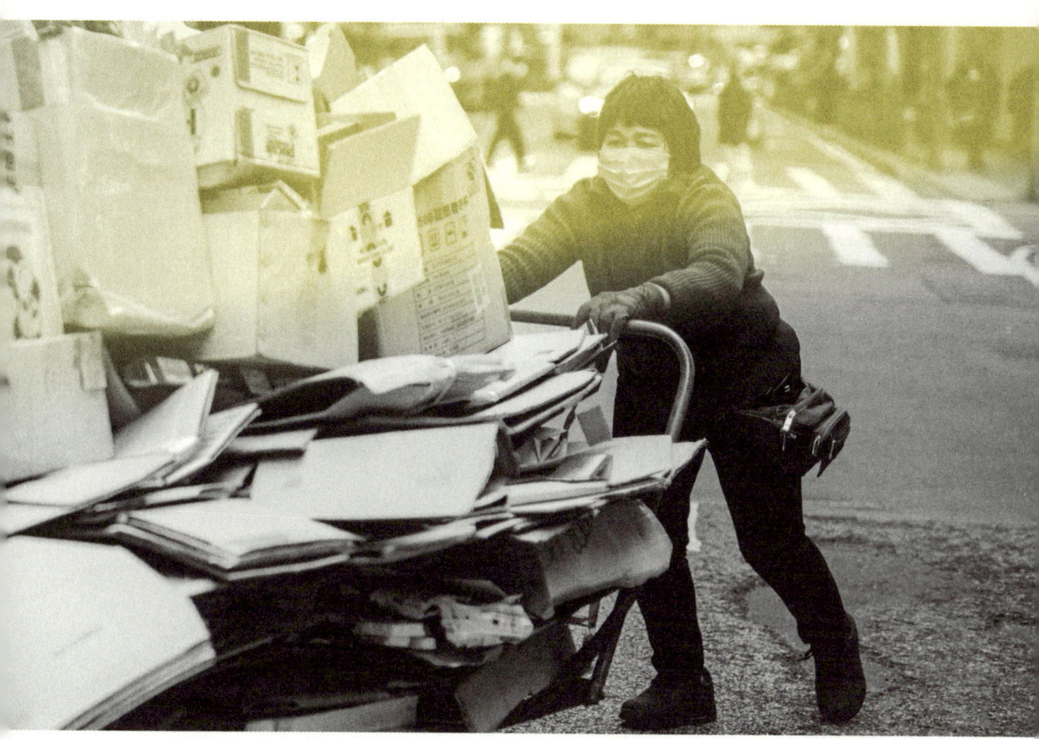

會清走。」她說有間鋪特別「呃秤」，幾年前把紙價壓低5毫，她跟對方大吵一架，「我喜歡賣給誰就賣給誰，大把人想要，我執得有紀律、沒垃圾、又鋸好又壓平。」

現在她常去的店鋪待她不差，老闆在她母親過世時封了千元帛金給她，又給她塞錢讓她回大陸辦死亡證件。有時捱罵，她也不太出聲。「我好忍讓。」她說。

她做清潔和回收，年中很少休息，每月收入8,000元。「執一日幾十蚊你開心什麼，都不夠飲餐茶。」

為了維持生活，蘭姐曾經申請綜援，一邊兼賣紙皮。有人拍照投訴她，她說當時社署職員沒有深入調查，「罰我7,000蚊，我不要再領。」她說：「綜援得少少，又沒有公屋，租個房都5,000幾蚊。有人說政府養我一世，我問『我只是拿了幾個月，哪是養一世？』現在很多人領綜援都去執紙皮，有些人又偷又搶卻沒人搞。」

一個人自由自在

以前蘭姐和媽媽跟兩個獨居婆婆分租北角單位，租金每月4,000元，日子更加難捱。但她沒抱怨，「誰叫你是她女兒？我們得兩姊妹。」媽媽原本在大陸居住，近年因為妹妹病逝，她把媽媽接到香港照顧。

那時，蘭姐執紙皮，90歲的媽媽在街尾坐著，有時幫幫忙，催她吃早餐。蘭姐休息時去給媽媽買飯，讓她在路邊慢慢吃。母親疼錫她，一次半夜見蘭姐遲遲未歸太擔心，在北角街頭到處找她。清垃圾的工人把她認出來，把她帶回蘭姐家裡。「剩我一個，她不疼我疼誰？」

平常的日子，她下午給媽媽煮飯，讓媽媽去睡一會，自己

出外工作。媽媽在疫情期間過世的時候，也是這樣輕鬆平常的一天。蘭姐在家裡給媽媽煮麵、切蘋果，喚她去睡後外出。母親去洗澡、晾衣，不小心在走廊跌倒，鄰居和看更見狀把蘭姐叫住。蘭姐衝上樓，看到母親在嘔吐。

醫院醫生告訴蘭姐，母親腦充血，要做好心理準備。「我說盡量呀、盡量幫我救她。」過一會，醫生把她拉到一邊才說，沒得救了，她立即把子女叫來見母親最後一面。凌晨兩點，蘭姐想回頭再看看媽媽，被要求做病毒快速測試，「百二蚊一支，入去是隔著玻璃探，我想行入去，在她身邊說些話，他們不准。」

接近天亮，旁邊的街坊順路把蘭姐載回家，還沒好好休息，醫院又來電說媽媽的情況危急。「阿媽大約早上十點死，我回去陪她，子女遲了，只有我見她最後一面。」

在柴灣安頓好媽媽的骨灰，蘭姐又一個人執紙皮。女兒曾經在新居裝修時劃出一個房間，請她來幫忙照顧孫兒。「你『唔識做』就去（女兒家湊孫）囉，」她不想去，怕兒子覺得她偏心，「有孫不湊，湊外孫。」大家雖然不是一同生活，但關係不錯，每逢年初二、生日過節就聚會吃飯。

「自己自由自在，費事。」誰都不依靠的原因，其實她自己心裡有數。「事實我是懂得搵錢，不懂得湊仔。」

功德到天

千禧年前，蘭姐在大陸生活，和丈夫經營熟食生意，她負責煮，他負責切。「賣熟食，豬腳、豬頭肉、牛腩，自己一個做不完，我都請人做的，小販那樣流水生意，周圍賣。」有時他們做好豬肉批發給別人賣，「我不做生意，怎樣養大兩個仔、兩個女？怎養起這麼多人？」加上蘭姐的婆婆，她一共照顧七個人的起居飲食。

千禧年後，蘭姐計劃跟著香港出生的丈夫生活。但先被批准到港的，是他們四個子女。在終於辦好手續來港的那天，朋友載她到車站，「過橋費要兩蚊，我差一蚊，老公鬧我『冇錢夠膽去香港？』我說當然夠膽，我有個老公在香港。」

剛到香港，蘭姐四十多歲，也找過其他的工作，但因為還沒有永久居民身分，只有清潔工作願意請，「我試過洗碗，洗著洗著被人說我做得慢。」她又去大商場的美食廣場做清潔，執拾碗盤，但被說腰包阻人，要求她放在員工儲物櫃，她不肯。又試過被說不懂得揸掃把，「他一話我就走，即刻走！然後他趕不及找人替工。」

蘭姐說話時常發出笑聲、個性隨和，但處事上也有執拗的地方。「後生那時不喜歡無端端被罵。」她直認，「我真的小氣，不能被鬧的。」她想，這可能因為自己以前做生意、是大佬，「有這個轉變就覺得不適應。我的仔女說，阿媽你來到香港，你不能打工的。他們都知道。」

於是，「我一來香港就執垃圾，」蘭姐說。年輕時，她一心只有賺錢養家，「以前好搏命，夜晚沒睡覺做到天光，賺兩萬幾元一個月，儲起來在大陸起樓。」丈夫做食環署垃圾站站長，退休後正是回到大陸入住兩夫妻自置的物業。

子女成長的時候她在忙，「他們說我不理他們，特別是小女兒怪我，不給她錢吃早餐、不帶她逛公園，都覺得自己不幸福。」蘭姐沒能反駁，又不想解釋，「現在養大你都偷笑了，養到中學沒錢，後來要向朋友借錢。這些事要別人講，我自己怎樣講。」

她只能跟自己說：「我已經辛苦一輩子，我已經功德到天了。」

「很多人關照我」

2018年夏天，蘭姐被食環署指違例並票控，要求她繳交1,500元罰款，事件登上各大新聞版面。

舊事重提，蘭姐說來仍然生氣，細節記得清楚。「我去收餐廳的紙皮和垃圾，那天沒有大車，我拉一袋垃圾去紅綠燈。一放手，(食環) 一男一女立即過來，説垃圾落地了。我説什麼事？我正過馬路，想慢慢搬去對面。」當年，拾平台跟蘭姐一起查詢事件，開記者會説明事發經過，又收集了1,595個聯署，要求食環署撤銷控罪。

雖然最終獲撤控，但對蘭姐來説打擊不少。她身體變差，頻頻入醫院、忙著覆診，也曾直言想要退休、不再執紙皮。後來，「醫好又做囉。」

此後，蘭姐仍然常常幫忙做拾荒者倡議工作。她不太抗拒上鏡和訪問，「我沒多想，有人叫我不會被人拍攝太多，沒好處，我説有什麼所謂？」

現在，食環署的前線員工都認得她。「我問『你怎麼認識我？』他説：『睇電視識。』一些人都尊重我叫我蘭姐，快點推好車，拍拍照。我便説，得得得。」但整體政策不變，食環署前線人員充公手推車、棄置回收物的情況並沒有減少。最近，蘭姐被食環署收了一架舊車和新的手推車輪，靠著同日來交流的大學生幫她寫英文信查詢，才得以取回。

終日和天氣、垃圾和食環署打交道的生活，蘭姐瞇起眼笑説：「做到躝下躝下，直至做不到。」她的身體不太好，體內血小板不足，要定期抽血檢查、輸血，「針像半個手板大。7月28日覆診看眼，看不清楚字。九月幾號又看什麼……腰、牙。」她打趣道：「殘廢啦，好像機器壞了。香港呢，你壞哪裡就換哪裡。」

她跟丈夫已經多年沒一起生活，她沒考慮回大陸。丈夫跟她性格南轅北轍，他食不言、寢不語，而她愛説話。當年懷胎生子後，她因為身體調理不好而失血入院，輸血要錢，丈夫哭著説：「我當然醫。」她仍記得這份感動，只是年紀大了，大家的生活習慣未必再能契合。

孑然一身在香港，「自己諗自己，我好多人關照我的。」誰會關照？「未知啊，到時再算囉！」她大笑。

一些人都尊重我叫我蘭姐，快點推好車，拍拍照。我便說，得得得。

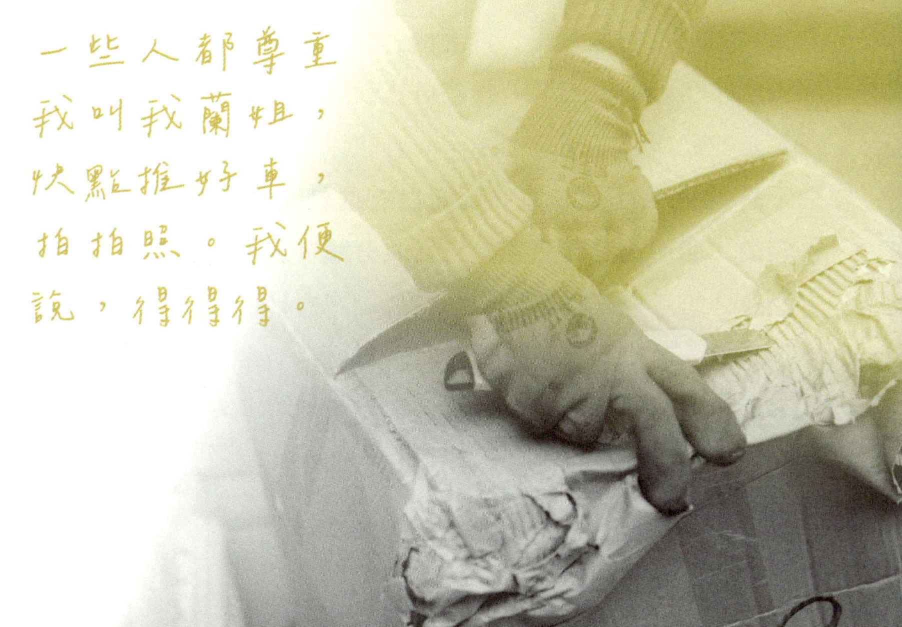

拾荒者的回收工作究竟違了什麼法？

與蘭姐最深刻的一次經歷，當然是蘭姐被食環署無理票控亂拋垃圾一事，那天蘭姐氣急敗壞地致電我們，要我們為她主持公道，筆者那一刻即時的想法是問：「點解蘭姐咁醒會即刻打畀我哋？」，原來那時候正是我們很積極落區向拾荒的街坊們做教育，告訴他們避免被票控霸佔公共空間的做法，和教他們若果被沒收車仔和財物應怎樣處理。蘭姐應該是我們頭一、兩位門生，而且學以致用、即時應變。**當你了解食環執法的細節，便明白有些情況的判斷有可能是含糊的，明明拾荒者正在進行回收分類，為何要被票控「垃圾蟲」？**筆者並不是要偏幫拾荒者，認為他們霸佔公共空間是天經地義的事，而是我們應該去思考拾荒者的回收工作為何不能使用公共空間進行？為何他們使用公共空間就是違法？在社區有其他的持分者使用公共空間時，又應該如何判斷他們是否違法？這些舊有的法例與標準又是否在現今的社會處理仍然合情合理？

拾荒者的工作為何會違法？我們可以從公共衛生條例去理解，票控蘭姐的食物環境衛生署潔淨組在日常的工作中，其中一種職責就是需要確保行人通道暢通，於《公共衛生條例》第132章第20條中提及「移走扔棄物或廢物和清潔有關範圍」[28]和22條「防止妨礙垃圾清掃或清糞工作」[29]中的第一項有仔細描述，[30]若有以上兩個情況出現，潔淨組的職員便會按執法過程的程序採取警告、驅趕、清場或充公和票控等措施。為何拾荒者被食環署驅趕的經驗會特別多？因為若拾荒者在工作期間遇到食環署職員巡視，有時會要求拾荒者自行清場離開，便屬驅趕性質。當他們巡視街道後巷，而拾荒者不在現場工作、只餘下他的手推車和廢紙箱時，食環署職員會張貼告示於拾荒者的財物上，提醒他們需要盡快移除回收物，並要求障礙物的持有者在四小時內移走它，然後潔淨組職員會四小時後再回來巡視，若仍然未將物品移走便會將其充公，《公共衛生條例》第132章第22條的第二項a點中亦有說明（《2024年公眾衛生及市政（修訂）草案》提及以上條例為要加快清掃工作，建議將「移走障礙物」所指明的移走物品期限由4小時縮短至30分鐘，並且會因應實際情況酌情指明較長而合理的期限）。[31]

倘若拾荒者想向食環署拿回手推車和財物，就必須於七天內向食環署繳付因撿取、帶走和扣留該物品或東西而招致的開支（如有），並向潔淨組職員提出領回物品的意願。若拾荒者於物品被充公後七天內沒有和食環署提出取回物品的要求，就不能夠再用以上條例的措施取回物品，又或十四天內該沒收物品仍未成為法律程序中的證據時，沒收物品亦同時正式屬於政府財產。若以上的程序都過了期限，而拾荒者想拿回自身的財物，他們需要先讓食環署職員記錄一份口供，證明充公的物品屬於該名拾荒者，然後職員會發出一張告票給予拾荒者，他需要拿這張告票前往法庭排期上庭認罪，需要向法官承認霸佔公共空間的罪行（認罪），或妨礙清潔工友清潔街道。待法官判決後，再往會計部繳交罰款，根據香港特區政府的政府公報中提及於2023年10月22日將《2023年罰款及定額罰款（公眾地方潔淨及阻礙）（雜項修訂）條例》（《修訂條例》）修訂生效，將在公眾地方、郊野公園或海上棄置廢物和吐痰等涉及個別公眾人士行為的七項表列罪行（註）的定額罰款金額由1,500元提高至3,000元，以及將主要針對店鋪阻街和非法棄置建築或大量其他廢物的兩項表列罪行的定額罰款金額由1,500元提高至6,000元。[32]拾荒者若需要繳交罰款，罰款金額高達3,000元，當繳交罰款後才能拿回自身的物品。即《公共衛生條例》第132章第22條的第三項a點中有說明。[33]

試想一想，**拾荒者會否願意花三千多元贖回他們的物品？這可能是他們半年甚至一年拾荒得來的收入！**所以大部分拾荒者寧願放棄取回物品，在街上找二手回收車替代便算。疫情期間食環署更實施新措施，就是沒有跟隨以上程序的。「打擊衛生黑點行動」為要打擊社區的衛生黑點和預防疫情蔓延，這些行動於部份地區會在沒有通知拾荒者和其他社區人士的情況下，強行清走任何在行人路和行車路上的物品，而且這些被充公的物品不可提出取回，並有機會即時送往堆填區。**這種做法不但令拾荒者一天的辛勞得不償失，被丟棄的物品中也有很多可循環回收物品，行動令可回收的物品都以處理垃圾的形式被棄掉**。

剛才筆者對法例的解釋如此詳細，是希望大家了解後能夠明白拾荒者日常所需要面對的刑責，當下次走到街上關心他們時可以提醒一下，因為大部分拾荒者都不認識自身處境是有可能違法的情況。接著我們便需要知道拾荒者日常的工作性質與過程。嚴格來說，拾荒者的工作是身處街道上處理商戶或市民丟棄出來的垃圾，在收集得來的垃圾中將其分類成可循環再造的物料及不可再循環再用之廢料。整個過程完成後，就將回收物料推去回收鋪「上磅」賺取收入，以及將不可再循環再用的廢料，放在垃圾筒內或垃圾收集站內。若拾荒者有收集開塑膠物料、紙包飲品盒，或玻璃樽等，則會交往每區的綠在區區。筆者嘗試將拾荒工作的工序與步驟詳列如下（以收集廢紙箱為例）：

第一步：撿拾街道上、商戶和市民丟棄的垃圾（由於丟棄的過程定義上仍是垃圾）

第二步：分別將可循環再造的物料及不可再循環再用之廢料分類

第三步：兩者分類擺放於手推車附近的工作空間 （一個臨時的回收空間）

第四步：以紙箱為例，拾荒者需要：

a）將紙箱用𠝹刀或剪刀𠝹開膠紙貼合紙箱的位置，將膠紙條撕離紙箱。

b）將立體形狀的紙箱徒手壓平成平面形狀。

c）將平面形狀的紙箱鋪平於回收車上，一層一層地疊上去。

d）將紙皮濕水（部分拾荒者會這樣做）。

（一來有可令紙皮的重量增加，回收的價值亦會增加，另一個說法是濕水能讓紙皮表面更黏合，可防止推動回收車時因行車路的凹凸不平而散落地上。）

e）當回收車上疊好一定數量的紙皮後（視乎拾荒者衡量能夠推動的重量），會使用繩狀物綁紮好車上的紙皮。（繩狀物：麻繩、棄置車胎、隨地執拾的膠帶）

第五步：整理分類後，將垃圾收集於膠袋內，然後投置於垃圾筒內或垃圾收集站

第六步：最後，將回收車推向該區路線較近或較方便的地區回收鋪（或回收車）

一「轉」回收工作完成後，拾荒者便會返回工作地點重複以上的工序。

這個工作的過程證明拾荒者不只是執拾垃圾的長者，他們不但以回收的工作與社區不同的持分者連繫和互動，並且擔當了負責處理地區回收物的職責。同時也不是故意霸佔公共空間、蓄意違法，他們在進行回收工作時是需要空間來分類和整理，以及擺放他們同時需要使用的工具。因此，筆者期望能夠向政府和回收業界提供以下的建議，令到社區不是排斥拾荒者，而是能夠與他們共存，能夠一同做好社區回收工作的目標：

重新肯定拾荒者在回收業的貢獻

若要尋找香港政府有關於提及過「拾荒者」字眼的官方資訊，可於GovHK一站通網頁搜尋，截至2025年3月28日搜尋器會搜索到61個曾經提及過拾荒者的記錄。當中有非牟利組織的基金申請計劃、立法會會議文件、疫情資訊等，大部分資訊都是提及拾荒者阻塞街道的情況、[34]三色回收桶的回收物被拾荒者取去、[35]拾荒者撿拾棄置垃圾的風險等，[36]大部分內容均以負面評價拾荒者的行為居多。只有非牟利團體申請基金資助進行有關友善對待拾荒者的公眾教育計劃，並且認同拾荒者對社區回收的貢獻。[37]建議政府能夠與民間關注拾荒者的社福組織一同設立「關注前線回收工作者（拾荒者）關注小組」，為他們在回收業界設定一個認同的身分，能夠在回收業界討論發展和改善政策時，同時能涵蓋拾荒者的處境，又或制訂類似2017年出版的「香港回收業運作指南」，[38]與業界商會制定「前線拾荒者回收操作指南」，讓回收業界與公眾同樣認識到他們的重要性。

當我們放眼國際，可以看到不同國家如何對待他們的拾荒群體，**在南美洲的巴西，拾荒工作是被列為國家職業分類（CBO）中的一個職業工種**，拾荒者協會和合作社可以直接由市政當局進行垃圾分類收集而無需經過招標過程；於第12017

號聯邦法律(2009年8月12日)中允許將資源直接轉移到拾荒者合作社,無需要市政當局或公共利益社會組織的中介。又根據聯邦法令(第5940號,2006年10月),公共機構(辦公室、學校、銀行、醫院、公共企業)必須將其垃圾的可回收部分分類並捐贈給拾荒者的回收協會和合作社。於2008年至2018年期間,國家團結經濟部長在團結經濟項目中共投資了8.87億雷亞爾,其中32% 直接受益於拾荒者活動(Britschgy,2018)。**巴西亦有27個拾荒者組織,他們集體強調工作保障、改善工作條件、公平的工資、與其他團體的合作以及加強社區服務**。[39]雖然巴西與香港兩者的地理和人文背景都不相同,但他們對拾荒者的肯定是值得參考的。又縱使拾荒者的背景差異甚大,他們同樣在回收工作中創造經濟價值,巴西首先在國家政策中以職業分類來認同拾荒工種,然後再以各項周邊的配套支援、保障他們的工作,這正正給予了我們城市一個對待拾荒者的良好試範和行動參考。

食環署對拾荒者友善執法的可能性

理解到食環署對有關市民阻礙公共空間或阻礙清潔工友清潔街道的執法,是需要對社區任何持分者都一視同仁,不能偏袒。在守法與違法之間,食環署執法的重點意義是令到街道暢通無阻和乾淨衛生。假設有措施能夠讓兩者共存並互相尊重，由政府部門帶頭實踐友善對待拾荒者，定必會令社區整體對拾荒者的印象改觀。拾平台透過多年來與拾荒者一起面對食環署的執法，構思了一些友善對待建議，如下：

1. 拾荒者的工作過程必然會接觸垃圾和面對不衛生的情況，這是無可避免的。若然食環署與民間組織一起合作，**向拾荒者進行公眾教育和管理，正面鼓勵他們保持工作環境的整潔性**，這不是更好的方法嗎？另一方面，環境保護署可同時對拾荒者進行教育，鼓勵拾荒者進行乾淨回收（不濕水）紙料物品，雙管齊下，一同與拾荒者在公共衛生與改善循環回收質素努力。
2. 除了教育，在過往與食環署於執法上的討論來看，縱使法例未能夠有太大空間可以改動或再修訂，但**仍可以在執法的過程中，與不同的持分者有更良好的溝通。**例如：若收到市民對拾荒者的投訴，可先與該區有跟進拾荒者的組織溝通，讓社區工作者首先接觸拾荒者、處理投訴事宜，同時與第一項的措施一同實行，而不是食環署職員到達投訴地點後便清理現場、充公拾荒者的財物。

3. 有關執法過程，有一項執法指引是，若然阻礙物在食環署職員發出移除障礙物通知書後，有四小時的期限可讓拾荒者將物品移離現場（期限或將修改為30分鐘），過了期限就會將障礙物清走。但我們逆地而處去看，拾荒者正在進行回收工作，需來來回回到不同街道或商鋪去撿拾回收物，不能夠時常逗留在擺放回收車的位置。而且大部分的拾荒者都年過六十，長者的體能與年青力壯的人不同，別人可能用一至兩小時就能整理好紙料回收，但長者可能需要更多時間去完成。**建議這個四小時期限的規定可以按拾荒群體的工作特性作為基礎，制定一個達致雙贏的酌情標準**（有待與食環署商討）。食環署職員可同時聯絡該區跟進拾荒者的組織（或拾荒者是該組織的會員，食環署職員亦清楚有團體負責跟進拾荒者），**將以上一至三項的措施同時結合、實踐運作**。關心拾荒者的民間團體、拾荒者、食環署職員和環保署，並不只是有一種要為到阻街不阻街而爭論的關係，也可以一起建立一種共同建設社區友善、互助、尊重和衛生的關係。

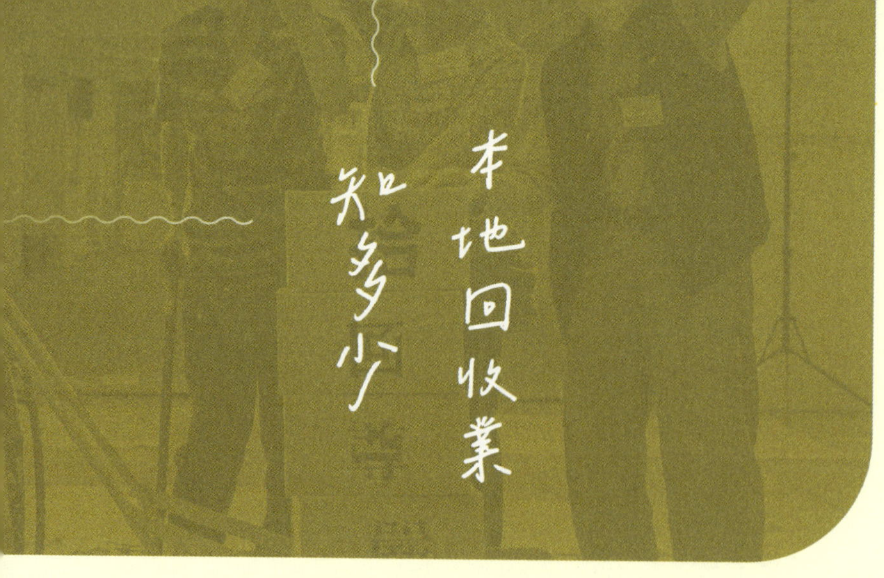

拾荒者與回收業有著密切的關係，他們是回收工業鏈中站在最前線的持分者，因此我們需要清楚知道回收業的運作與發展會怎樣影響著拾荒者的工作和收入。[40] 本地回收業的經營模式分別為本地回收出口商、回收店(或回收車)、拾荒者和參與回收的市民。當我們在生活裡產生垃圾需要棄置，則會經由負責垃圾處理的單位與勞動工人(清潔工友、私人樓宇拾荒者和回收公司或志願團體和綠在區區)協助收集和分類，垃圾會被運送往堆填區和焚化爐處理，而分類後的回收物料則會經由地區回收鋪打扎出口，或透過回收再造工廠循環生產再造物料。

社區垃圾處理 & 再生鏈

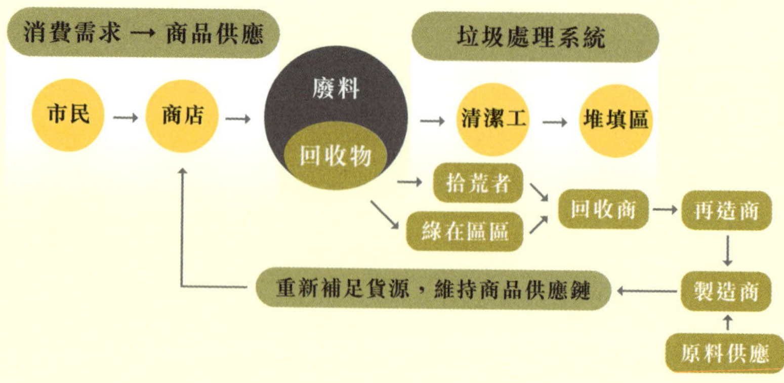

根據環保署《香港固體廢物監察報告2023年廢物統計數字》顯示，2023年每日送往堆填區的廢紙料為2,171公噸(每年約80萬公噸)，[41]而每年可循環回收再造的紙料有57萬公噸，佔全港所有可循環回收物料約三成。[42]從對外商品貿易統計數字，以及環保署的統計調查結果，我們能夠得知當這些紙料回收運往外地作循環再造物料的過程創造了約8.5億港元的收益，平均每公噸的紙料回收價值為$1,488。[43]回收紙料分類為:紙卡板、報刊、辦公室用紙、夾層包裝、紙巾、紙袋、紙餐具，[44]拾荒者撿拾收集得最主要的種類的是紙卡板、報刊和辦公室用紙，按2023年拾荒者調查研究顯示，有97.9%的拾荒者收集這類物品。而其他的可回收物包括是金屬(鋁、鐵、銅)，有50.9% 的拾荒者收集金屬。廢塑膠和膠水樽也是拾荒者常收集的物品，有22.6%。其他還有舊電器和傢俬(14.6%)、發泡膠(13%)、玻璃瓶(10.2%)、紙包飲品盒(7.4%) 和木材(3.2%)。[45]可惜的是扔進堆填區的紙卡板、報刊和辦公室用紙就有869公噸被浪費了，其他的紙巾、紙袋、紙餐具類別就有1300公噸，[46]反映了本地回收工作仍有很大的空間可以開拓和發展。

拾荒者收集的物料類別

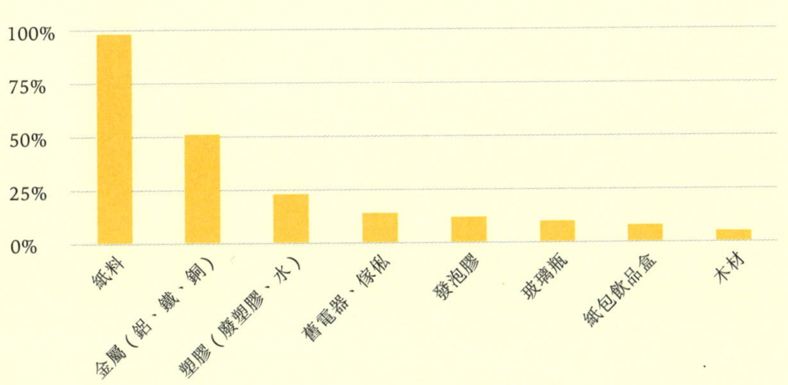

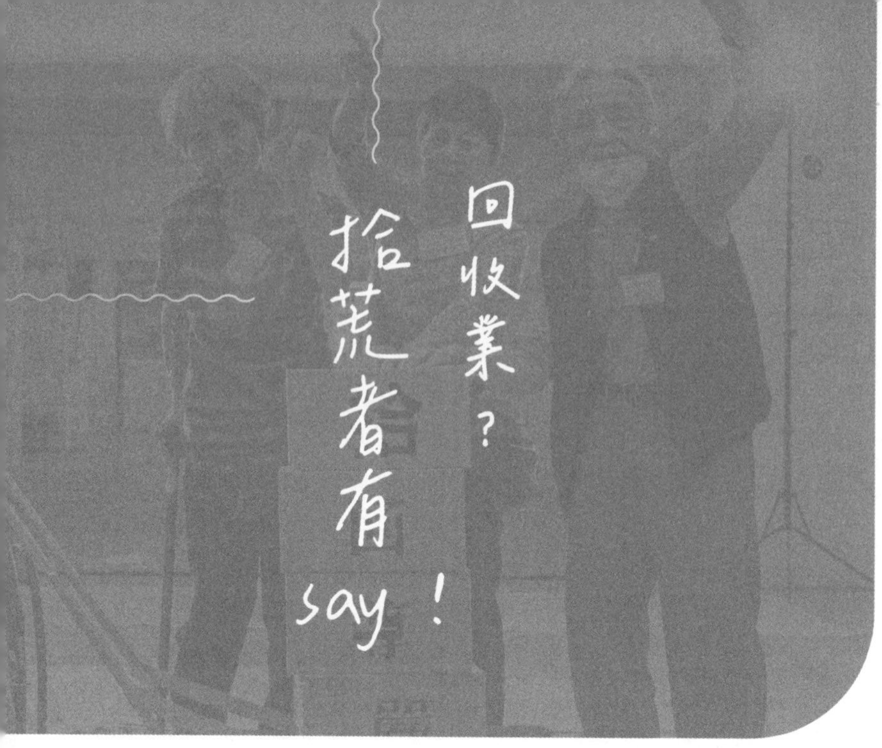

於2021年拾平台進行的「全港廢紙收集及回收服務計劃」推行後對拾荒工作者的影響問卷調查研究中訪問了364位拾荒者，有56%受訪者認為最合理的回收廢紙價格是$1，其次是$0.9（9%），第三是$0.7（8%）。[47]

除此之外，有87%的拾荒者認同回收工作是使用「乾淨回收」的，他們認同乾淨回收的原因可歸納為三方面：[48]

1） 濕水會令紙皮發霉
2） 濕水會降低紙皮質素
3） 希望回收業界能夠保持紙皮質量

拾荒者知道塑膠水樽、紙包飲品盒和玻璃樽都有「有價回收」的佔46%，不知道的佔54%。

知道塑膠水樽、紙包飲品盒和玻璃樽都有「有價回收」的拾荒者

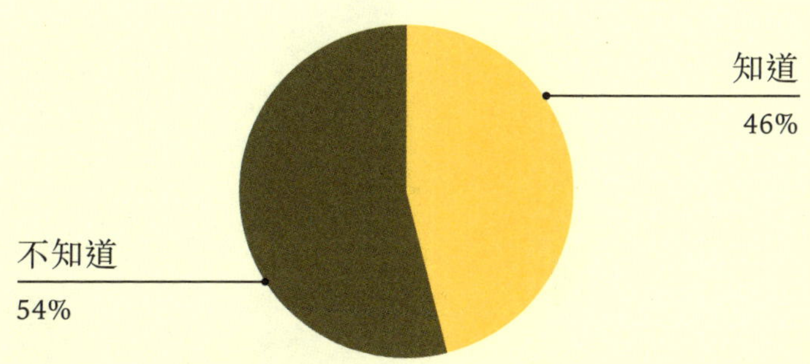

有關於以上三種的回收物料，拾荒者會選擇三種都回收的有20%，三種都不選擇的有51%；只回收塑膠水樽有44%，只回收紙包飲品有33%，只回收玻璃樽有23%。報告指出拾荒者選擇三種物品都回收的原因中，有73% 認為可增加收入。而三種物品都不選擇的，當中有36% 受訪者主要認為物品處理麻煩，例如：較重、沒有地方空間可以存放、物品不衛生等。另外較多拾荒者選擇會回收塑膠水樽，原因是容易處理和收集。[49]

拾荒者收集的物料類別

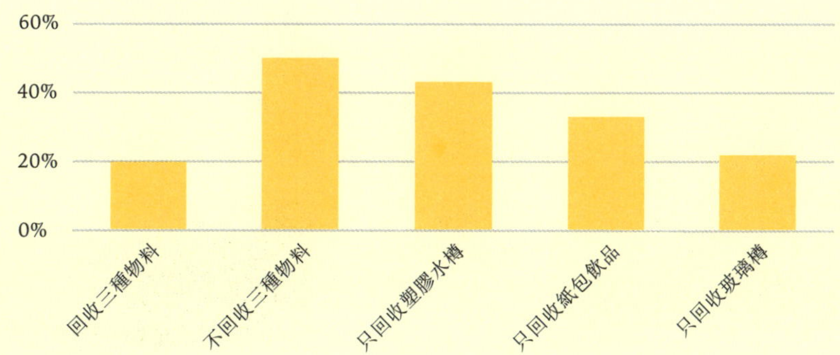

區鳳蘭

葵芳蘭姐

老伴離世後，一個人的拾荒

以前有人幫忙，現在自己做，真的辛苦。

出入醫院、辦完丈夫的喪事後，**蘭姐（區鳳蘭）**回到葵芳智芳街執紙皮，發覺很多事情變了。食環署把早上十時的清場提早到九時，跟著她工作的丈夫過世之後少了一雙手，她唯有提早在清晨五時到街上開工。以前她有一處空地整理回收物，現在只有手推車是安全區，紙皮扔到地上就算垃圾。以前兩旁商鋪給她留紙皮，現在嚴管又罰款，不留了。

紙皮和發泡膠沒有以前那麼多，「以前多爐冚，中間都是紙皮，好像所有回收物都是我的。現在執到就執，不是你的專利了。」蘭姐從1997年前拾荒到現在，世事不斷地轉變。一碗雲吞麵2蚊變25蚊，執紙皮的人越來越年輕。老伴離開後，蘭姐覺得自己的身體也慢慢變差，很容易便在街上睡著，「可能我也會跟著去了，會嗎？」

馬路上的紙皮車手

在葵芳興芳路和葵福路的十字路口，蘭姐推著一車紙皮，看準車流停下的時機，稍稍壓下手推車轉向，橫過三條行車線。「現在幾點了？」她問一旁在車道狼狽跟上的筆者，上午十一時五十分了，她要在中午十二時前趕往回收鋪。到埗後，她把手推車上磅，老闆埋怨下次再遲不收了，她趕忙說：「知道了！」然後背對老闆扮鬼臉。

蘭姐今年72歲，束俐落的短髮，穿花衣、黑色運動褲、黑腰包和一雙膠拖鞋，為人隨性，「我喜歡執就執，不喜歡時就坐著休息。」每天九時清潔工清場後，她會吃個雲吞麵作午餐，再回到智芳街，在肉鋪菜檔前坐著休息。有時她會回家睡到兩、三時，再到街上執拾。如此工作到晚上八時左右，她又在當鋪前坐著，直到深夜十時許回家去。

她有三、四架手推車，其中一架放在盛芳街藥房面前。藥房售貨員在蘭姐的手推車上快速地剺開和壓平紙箱，把紙皮疊得整齊，蘭姐跟他們有講有笑。現在，藥房和一間便利店會固定給她供應紙皮。她把收拾好的紙皮賣到葵豐街的回收店，有時賣去仁芳街的貨車，如果有五金就賣去稍遠的大連排道回收鋪。她每天推百斤紙皮賣，每斤賣約1.1元，一天下來進帳100到200元。

今年夏天特別熱，除了生病，她幾乎從不休息，幾個颱風來襲，「打風都不憂，乾風來的，沒有雨！這年每間鋪頭都開鋪，很畸型，往年只開兩間。不過今年他們還是沒生意。」蘭姐說：「怎樣都好，我都走到街上去，看看有咩靚嘢執。」

如果不開工，「回家對著四幅牆，做乜鬼啫。落街吹水，傾吓偈吧。」

一個人的拾荒

藥房售貨員阿 ming 看到蘭姐，問她：「阿伯呢？」
「阿伯走了，你不知道嗎？」蘭姐停下剈紙箱的動作。

丈夫比蘭姐大十年，任巴士司機的他退休後跟著蘭姐在葵芳街做回收。兩人分工合作，每月合共收入約14,000元，賣紙皮的錢由蘭姐看管，「吃飯我找數。」以前的媒體訪問裡面，常常看到兩人一同出沒。

「他工作很齊整，執發泡膠的那個街坊也說：你老公在生時執得好靚，不用我返手。」她讚丈夫：「他紮發泡膠好靚，六個一條，如果不夠六個，就把碎的發泡膠塞在裡面；我們紮得實，一條至少重四斤半。他有心機，我沒心機，只是綁個結。」

蘭姐的臉頰滑下兩行淚。「沒什麼，說著說著便流眼淚。沒怎麼掛念他……」

今年五月，丈夫染上新冠病毒，在家裡上吐下瀉。兩天後，蘭姐等兒子回港一起把他送院，看他很精神，還會問她「為什麼不拿枴杖？」一天，兒子到醫院，發現父親手腳冰冷，背脊還是暖的。他在睡夢中過世，身邊沒人陪著，蘭姐每次想到心裡都有疙瘩。在元朗辦妥丈夫的火化儀式之後，還在等骨灰龕位。

「這兩年，他身體真的很疲倦。我不知道他很疲倦，我說你整天坐著打瞌睡，在家已經睡很多。」她扶著額，「他死了之後，現在變成我整天打瞌睡。我常說死了，我快跟著老公去。」

蘭姐體力大不如前，以前睡一小時、半小時就回氣，最近要睡幾小時才精神，累時一坐下來就想睡，「很累很累。」

老伴離世，她一個人拾荒，要提早一小時跑到街上；別人請她繼續承包發泡膠回收的工作，但她覺得一個人應付不來，收錢卻做得不好會不好意思，很快便拒絕。「我拿你的錢要這樣折磨自己，我不要，做人坦蕩蕩。」

「以前有人幫忙，現在自己做，真的辛苦。」她嘆氣。

「我不是偷、不是搶」

蘭姐和丈夫相識於年少時，丈夫是她在大陸的親友，為了有個依靠便結婚。「其實那時我不太喜歡他，真的，」蘭姐憶起舊事溢出笑容：「我嫌他孤寒，我常常罵他，來香港當然是捱的，我是捱大的。」

1951年，蘭姐出生，家裡住天台鐵皮屋，上有兩個姐姐、一個哥哥，下有兩個弟弟。父親重男輕女，「生我時環境最差，那時香港叫『臭港』。我常常喊，又爛頭、生鼓脹，很肉酸。阿媽聽別人教，裝香焫我肚皮；阿爸爛賭又信我陀衰家，扔我去保良局。」是蘭姐的嫲嫲哭著把她接回來，如果在保良局大，她或者有機會讀多點書，「就是另一個故事了。」

她14歲前幫家裡擔水、破柴、煮飯，14歲後開始工作，「負責搵錢照顧整個家。」最初她做毛衣女工，比較賺錢，約七千元月薪，「1970年代你說厲害嗎？我幫老竇買樓的。」後來她轉做家傭、船務公司外勤，1998年，兩夫妻買入葵芳單位，為了供樓和養大三個子女，蘭姐學習買股票。股票大跌時，她工餘時開始在區內變賣紙皮。

當時她近50歲，街坊認得她住在區內，講過不少難聽的說話，有人質疑她有樓又執紙皮，「憎人富貴厭人窮啊。」她說，「後生時聽到很難受，眼神好像歧視你：『這麼後生執紙皮？』」直至船務業式微，公司倒閉，蘭姐乾脆全職拾荒，直到現在。近年經濟變差，很多人去執紙皮，「幾摩登都來執，高跟鞋、戴耳環，一早就來撿紙皮。以前沒有男人，現在很多男人執呀。」

二十多年過去，她也不太在意別人目光，「你話我就望返轉頭，有什麼好望？又不是偷、不是搶。」這幾年她接觸到拾平台，為倡議拾荒者友善政策出鏡接受訪問，見過的記者不少。「有些人不願意，可能做訪問就少了一天生意。我沒什麼所謂。」

在街上與食環署交鋒，她多次被充公紙皮、手推車，一些商鋪每天都投訴她阻街，也聽過前線人員罵她：「為什麼要執紙皮？你不會影響小朋友嗎？」她說：「那時我不懂得反駁，現在懂了，如果影響就不要叫我媽咪、這沒什麼，我養大他們就算數！」她覺得以前的食環職員比較重人情，不像現在趁她賣紙皮時收走她的回收物。「以前大行動，督察會提早來叫大家清理；現在我已經執得很企理了，還說我不對。」

智芳街的肉鋪和菜檔形成小型街市，每天衍生大量垃圾，「如果覺得阻街，便封了整條街，夠乾淨吧。」像蘭姐的拾荒者在其中分揀回收物，難免造成衛生問題。如果設計整套回收政策，給前線回收者劃定位置分揀，讓他們補貼生活費，也能協助清理——儘管蘭姐對於政策改善並不樂觀。

傷口與衰老

近年政府部門嚴管葵芳圍商鋪的阻街擺賣，紙皮也隨之減少。2022年疫情高峰期，蘭姐從減少的紙箱可以推斷街鋪的生意亦逐漸變差。經濟疲弱、到處裁員，適逢紙價改善，執紙皮的人變多，可以執拾的紙皮變少。葵芳現在大約有十人拾荒，比以前多一半，「有些執兩、三個就去賣、打游擊，賣幾蚊。」蘭姐說，「有些會偷我車上的紙皮。」

蘭姐的身體也逐年變差。2022年10月18日，她記得清楚，當天下雨，她穿著拖鞋回家吃飯，意外跌倒入院。她跌斷腳關節，要做手術，留院整整四十天。「傷口半年沒好，最近還是酸軟。」現在腳有後遺症，走路比較慢，她久坐後起來也不靈活。丈夫離世，兒子和媳婦跟她關係拉近，想帶她去福建旅行幾天散心、吃海鮮，她正在考慮。

蘭姐每天繼續執紙皮，儘管動作比以前更慢、更少，「習慣了，回家很悶。我又不喜歡拿資助……」

子女有自己家庭，給她生活費不多。樓不能換錢，「有人說『執紙皮很肉酸，不拿綜援？』三、四千蚊夠用，但我拿不到，早排才拿生果金。」兒子勸她不要再投資股票，「以前閉上眼有錢賺，現在睜大眼也沒錢賺，不夠人快。以前30歲人死了便重頭再來，現在年紀大捱不到，我老了。」她托著腮說，「現在的世界不如以前的世界了。」

兩種對拾荒者的不尊重

蘭姐工作的地方是位於葵涌區舊墟，一條只准行人通過的街道，那裡彷如一個迷你街市，是市民除了附近的公共街市以外的另一個選擇。她從沒有轉變過工作的位置，身處菜販魚檔的中間，是舊區營商消費的核心地段，人來人往車水馬龍，左右兩旁的商販會將卸貨棄掉的包裝物和紙箱，堆在街道的中心，變成一個垃圾廢棄物的大溶爐。也因為如此，**這條街道也被食環署列為需要經常巡視和驅趕的黑點，而蘭姐亦是其中一位被針對的拾荒者**，經常在未能完成回收分類的工序前，食環署的衛生督察與外判清潔工友已在街口等待清理蘭姐辛苦整理的回收物，過程中她需要同步分類當中的垃圾移往垃圾車上。拾荒者的工作在智芳街這個處境下是十分尷尬的，原因是街道上所累積的回收物和廢棄物混為一堆，只有蘭姐一人獨自去整理，而食環署職員會將這個責任歸疚於拾荒者身上，但**製造這堆垃圾的商戶卻可以不需要負上責任，變相將棄置垃圾的罪名加諸在拾荒者身上**。

忽視拾荒者在回收業的貢獻

蘭姐正是本地所有拾荒者的寫照，他們面對著兩種社會對他們的不尊重，**第一種是社會不認同他們所作的是工作**，雖然在國際層面，不同國家已將城市中的回收工作者定為非主流經濟工人（Informal Worker），近年各地的拾荒者自助組織或工會，都能夠進取地為成員爭取權益進行倡議工作，亦能夠令到當地政府能正面地回應他們的訴求，投放資源和制定適切的政策去支援拾荒者。至於在香港的勞動市場和回收業，未曾有對拾荒群體下定義，或作出任何認同身分的支援措施，所以令他們一直都不能歸納為回收業界的一分子。筆者從另一個勞工角度去看，根據拾荒者福祉關注組2023年的調查研究，拾荒者平均每週工作5.8天，每天工作2.64轉，每日工作時數平均為5.26小時。而拾荒者的工作年期中位數為7年，每週工作天數的中位數為7天，每天工作轉數的中位數為2次，每日工作時長的中位數為5小時。[50]他們無論在工作日數、時數、以及工作量，都以一個全職工友的狀態參與回收工作。

除了關於他們工作狀況的調查，更收集了他們的工作對回收業界的成效，平均每次拾荒回收的物品重量為30公斤，平均每次拾荒的收入為 $25。有接近87% 的拾荒者收入在 $2,000以下。[51]平均回收工作收入為 $1,566，中位數為 $750。調查報告推算，全港拾荒者每天的總回收量介乎138,171公斤至159,202.04公斤，即約為138至159公噸之間。[52]我們不能再忽視拾荒者在回收業所產生的影響性，若果以「香港固體廢物報告 2023」中的統計顯示可循環回收再造的紙料為57萬公噸，[53]那麼拾荒者便擔起了本地接近8-10% 的紙料回收。這些紙料回收會運往內地進行循環再造，為回收業帶來接近十億的經濟收益，拾荒者在回收工業中的付出，實在不能抹殺。[54]他們不但與回收業同行，並且為回收業創造價值，**拾荒群體產生了社會影響性，同時他們也是產業中重要的社區資本，連繫著廣大市民、商戶和回收商的一道橋樑，使社區回收工作的互動性和參與性更積極和活躍**。

提供回收空間的友善對待

第二種的不尊重，就是**社區未能在公共環境中提供空間給予拾荒者進行回收工作**。公共空間是否真的能夠讓所有人都使用？地理學家 Don Mitchell 曾於著作《城市的權利》（*The Right to the City: Social Justice and the Fight for Public Space*）中提及無家者群體（homeless）於公共空間的使用權利，他認為無家群體出現的矛盾，在於他們的行為理應在私人領域或空間（如：睡覺、吃飯和大小二便等行為）進行，但卻發生在公共空間。[55]按著資本主義社會的法例，這個社會是建立在私有財產和私隱的基礎上，公共空間是有其規範和秩序的，當私人領域的行為被社會化和合法化（指的是無家者在街上露宿和生活的行為）時，在公共空間出現私人領域的行為，大家便會對公共空間的功能與定義產生質疑：為何無家者會在街上露宿？為何他們在行人路霸佔空間？公眾會憑著既有的秩序與規範判斷無家群體不能以這種形式參與公共空間的運作。無家者的出現直接威脅著社會的秩序，破壞了市民在使用公共空間的合理性。其實無家者同樣是參與著公共領域的市民，不應因他自身的經歷與遭遇而被排斥於主流社會的運作，被標籤為破壞城市秩序與形象的群體。[56]

拾荒者的處境其實與無家者有點類似，他們需要使用公共空間來進行回收工作，並會用來擺放私人財物。但問題是拾荒者怎麼可以在私人領域進行回收工作呢？只有在公共領域才能有足夠的空間完成回收分類，除了在私人物業內從事清潔和回收的工友，可以在負責物業的私人空間內進行回收外，大部分拾荒者都需要面對佔用公共空間的必要，而社會並沒有對拾荒者在公共空間進行回收工作的合法性作出討論，或為他們的工作處境進行研究，改善他們處境等。筆者認為社會除了聚焦在邊緣群體如何侵犯了社會的秩序外，更應思考他們在社區的能動性與互動連結，無家者並不一定只是百無聊賴地游蕩，又或醉酒吸毒影響社會治安，民間亦有團體聘請無家者成為社福機構的職員，負責協助社區派發熱食的服務，[57]也有團體訓練無家者成為社區導賞員，帶領參與者認識基層處境和社區生態。[58]這些都是對邊緣群體可見的充權工作。

筆者一直提倡提供回收空間的可能性，其實在社區仍有很多行人通道的空間使用率明顯很低，理工大學曾經有物流學系的學生以提供回收空間給拾荒者的可能性進行研究，發現有部分行人街道的人流通過頻率，經調查統計後發現比率是偏低的，很適合用來作為社區回收空間的試點，或擺放拾荒者的手推車。環保署可嘗試在每區與民間組織合作，向拾荒者搜集資料，設定兩至三個回收空間，然後進行全面的人流統計調查，[59]規劃這些空間用作友善對待拾荒者的用途。除了創造社區的回收空間外，亦可善用社區一些已存在的空間：

1. 有些地區的公共街市會規劃設定一些停泊手推車的空間。例如於北區上水就有約二十個停泊手推車的空間 **(圖 a)**，有些位置長期懸空未有人使用，或停泊了很長的時間沒人理會，甚至有些手推車都長滿了鐵銹。若有一個像地區街市如此地標性的位置可以成為回收空間，再加上街市提供的閉路電視監察，拾荒者就可以安心擺放手推車，避免在大街小巷隨時被人偷去財物。

2. 行車天橋底下方的空間，天橋的支柱位往往保留了很多零碎的空置空間，有些空置的地方會給市民擺放了單車或電單車，也有被佔用了作擺放雜

圖 a

上水街市外提供販商停泊手推車的位置。

泊車位的尺寸是特別規劃予手推車停泊的。

有部分的泊車位會停泊盛載回收紙皮的手推車。

圖 b

本地行車天橋底座經常保留大量閒置空間。

物的用途。(圖 b) 這些空間比行人街道更加沒有人流經過，亦不干擾社區日常的運作，只要設定一些範圍給予拾荒者使用，並由地區關注拾荒者組織協助分配位置和進行風險管理即可。

3. 鼓勵地區商戶，在不影響商店的運作下提供商鋪門口、商鋪側邊的後巷空間和商鋪後門的空間等，容許拾荒者在一個限定的工作時間內（約三至四小時），可擺放手推車和整理回收物。更理想的是，商鋪容許拾荒者收工後擺放回收車在店內，翌日再取回。這樣可保障拾荒者的回收車在深夜不被人偷去。基督教香港信義會曾舉辦的

「『拾連』計劃」，正是連結了上水十間商鋪，除了提供商鋪附近的空間作拾荒者回收空間用途，還在店內預備一些物資支援拾荒者。[60]

雖然回收空間的討論在社會仍在萌牙的階段，政府甚至在回應此問題時沒有考慮展開任何可以討論的空間，甚至大力加強阻礙行人通道的執法與刑責，這令到進行回收工作的拾荒者面對兩難的局面。那麼我們正在討論的東西都變成廢話嗎？我們必須思考的是，大部分拾荒者的存在，是否對社會造成了很大的滋擾，又或影響了社會秩序？再進深一層去想，他們進行的回收工作，是否令社區更烏煙瘴氣，是否真的令人討厭得不能夠共存？何況他們是一群晚年長者在社區零支援下進行回收，不要忘記過往的日子裡他們都是建設香港的老臣子，我們是否應該對待他們友善一點？盡可能嘗試在社區制定友善對待拾荒者的政策。

拾荒者日常會遇到的問題與狀況

2023年9月至11月期間

2023年全港拾荒者研究調查中，收集了拾荒者過去三個月內(2023年9月至11月期間)面臨的挑戰和困難的數據。其中，約17.8%的拾荒者在這段時間內遭到食環署的驅趕，平均每位拾荒者遭驅趕的次數為3.4次。此外，有10.9%的拾荒者遭到食環署充公財物，平均每位拾荒者遭受充公的次數為2.29次。

在身體受傷方面，36.3%的拾荒者在整理或搬動回收物時受傷，其中，受傷部位包括手部(19.1%)、腿和腳部(12.7%)、腰部(9.9%)、背部(0.6%)、頭部(1%)和肩頸部(3.2%)。拾荒者受到市民(27.6%)和商鋪(非回收店，13.4%)的不禮貌對待，以及要面對回收店的欺詐行為(呃秤，43.6%)。[61]

拾荒者面臨的挑戰和困難

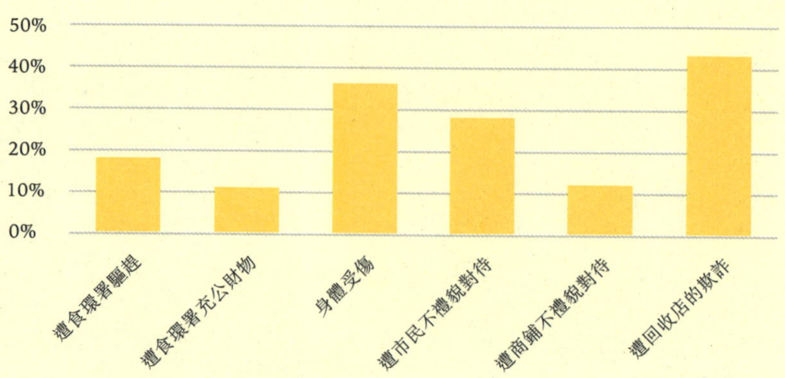

被充公的物品包括回收物(7.3%)、手推車(8.6%)、金錢(0.6%)和身分證明文件(0.4%)。在這些案例中,僅有13.3%的拾荒者能夠取回被充公的財物,而更多的拾荒者(76%)未能取回。近半數的拾荒者(48.5%)的回收物或個人財物被盜竊。被盜的物品主要包括回收物(43.7%)、鐵車仔(15.6%)、金錢(1.4%)和身分證明文件(0.4%)。

拾荒者面臨的挑戰和困難

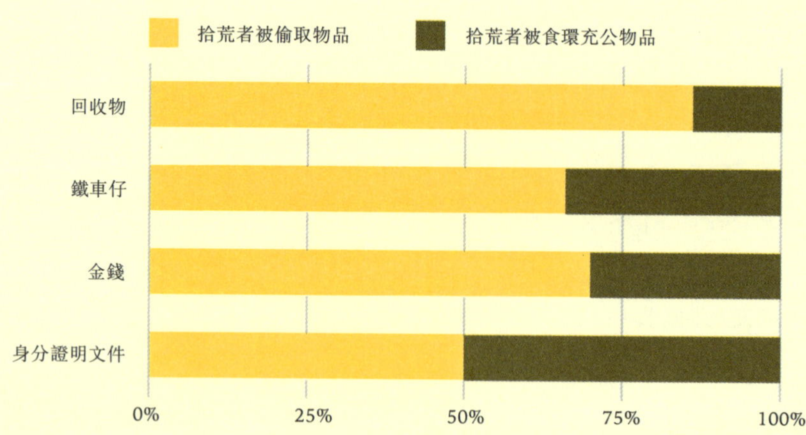

拾荒者期望別人怎樣的稱呼自己？

社會大眾對拾荒者有不同稱呼，但究竟拾荒者想我們怎樣稱呼他們呢？。據調查資料可見，最期望的是非特定的稱呼，如「伯伯」、「婆婆」，佔了43%。其次，有22.3% 的拾荒者期望被稱呼與環保相關的名字，如「環保先鋒」或「環保有心人」。 另一方面，11.5% 的拾荒者被稱呼為與回收相關的名字，如「回收工作者」或「回收婆婆」。然而，只有2.6% 的拾荒者想被直接稱為「拾荒者」或「拾荒人」。對於一些特定的稱呼，例如「執紙皮婆婆/伯伯」，以及與清潔工作相關的稱呼，如「清潔人員」或「清潔阿姐」，它們的頻率相對較低，分別為0.3% 和1%。[62]

本書仍然以拾荒者為主要名稱，是因為基於社會對拾荒者普遍的認知與共識，並不包含任何貶低他們的用意，而此數據亦可給予公眾一個參考，讓他們日後落區關心拾荒者時，可以使用更尊重地去稱呼他們的字眼。

拾荒者期望別人怎樣的稱呼自己？

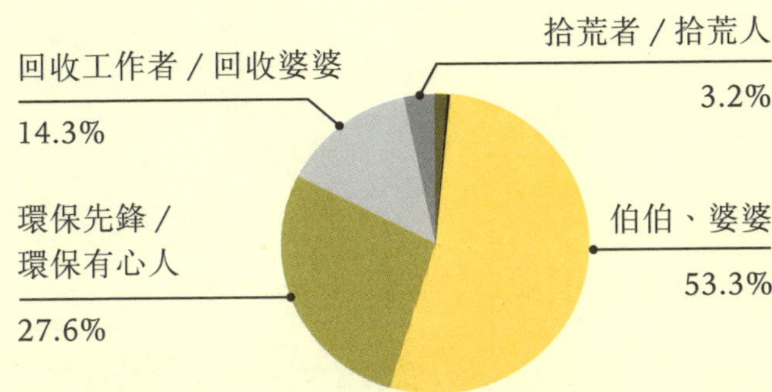

土瓜灣珍姐

從廣州到香港，拾荒基層眾生相

鄧惠珍

「我那麼自由，家裡任我出入。」

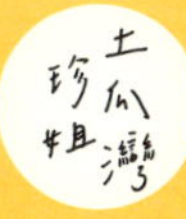

晚上八時，在土瓜灣落山道和九龍城道的交界，70歲的**珍姐**坐在堅硬的石椅上，看守路旁的紙皮和發泡膠。每天，她早上在街市周邊工作，晚上便睡在橋底休憩處。她腰前有腰包放㓥刀、藥物和工具，後有背囊放著身分證和現金。她稍稍用力把背囊往後壓，怕半夜被人搶走。

珍姐長備一個塑膠袋，放紮起發泡膠的長繩，「隨時賣，隨時綁。」她轉頭又沒好氣説，不時有人投訴衛生，説因為有拾荒者才有垃圾，「我是執紙皮的，關我什麼事呢？（食環）常常針對我，收我垃圾，綁來沒用！所以不要做太多，做得多收得多。」走鬼時，她推著比自己高的紙箱堆上斜坡，腳板踩著一對18蚊熊仔拖鞋。鞋因為連日下雨已經浸爛，但她不捨得換。

珍姐束短髮，用頭箍把又黑又白的頭髮向後固定，驟看難以親近，説起話卻講個不停。一個人在街上工作、生活，她時而謹慎，時而不吝嗇對別人的信任。在土瓜灣拾荒十多年，她身體雖然不如以前，但頭腦仍然清晰、轉數很快。近年，她跟幾個相識多年的基層街坊建立起幫工和朋友的關係，把處理不完的垃圾分給其他人。她跟這些街坊的故事，連同她自己的人生，組成了一幅土瓜灣的基層眾生相。

拾荒基層眾生相

九龍城道行車天橋底下一段路是珍姐的工作範圍，她最早凌晨四時開始準備，五時接收蔬果檔的紙皮和發泡膠。天逐漸亮，肉檔也開工，珍姐一直撿拾到八時左右，食環署便會來清潔、洗地，「你執不到的話，他們會扔到垃圾桶。」

完成第一輪衝鋒陷陣，珍姐回到附近的家洗澡，然後念茲在茲地回到橋底，留意隨時從店鋪拋出來的回收物。有如廁需要，她會跑到附近的公廁解決，平日的衣服也拿到那裡清洗。她數著，「撇除洗澡跟去廁所的時間，只離開一小時。」直到店鋪關門，街上剩下昏黃燈光，珍姐才慢下手腳整理紙皮和發泡膠箱，把它們穩妥地疊高、紮起，推到路旁。

「蘋果箱、橙箱靚一點，」珍姐抬高下巴，示意在車上最頂的白紙箱。這些箱子能夠拆開頂蓋，方便麵鋪、五金鋪，雜貨鋪會重用包裝，有人專門以兩元回收一個紙箱。若計算可剝開的紙皮，「榴槤箱就最貴，火龍果箱也是比較墜手。」新年和中秋是消費旺季，店鋪生意好，珍姐的回收量也高。

一天處理幾百個紙箱，珍姐每天收入大概二百多元。她把紙皮賣去炮仗街附近回收鋪，賣8毫子一斤；浙江街的店比較剝削，她沒再去。其中一間回收店曾經斥責她在稱重時故意按壓手推車，「我最不喜歡被人冤枉，紙皮我不時都不給別人，那兩元不是很要緊，冤枉我，沒面子。」她氣得不再回頭，找了相熟的幫手代她去賣。

珍姐在土瓜灣有三、四個幫手。例如一個在老人院居住、五十多歲的「年輕人」，她看他平日到處借錢買煙仔，又覺著他有氣力，便讓他幫忙推紙皮，每車給他一點酬勞，讓他買罐汽水跟老人院的好友兩份分。一個持雙程證的婆婆，一邊幫女兒湊孫，閒時執紙皮。做清潔的林太，她先生九十多歲仍在拾荒；另一個是在快餐店兼職廚房的順姐。分工給別人，她沒所謂，「我老公死了，一個人執不完垃圾，就給別人執。」

寧願在街上

在街上，她雖然有信任的街坊，但對陌生人也警惕。

夜裡，珍姐把彎曲僵硬的身體嵌入石造座椅，旁邊有一架買餸車放滿別人送的飯盒，頭頂有川流不息的行車聲。可以的話就睡幾個小時，倘若睡不著，她就跟同樣在深夜收工的街坊閒聊，又或一個人望天光。

我街口的水果店，兩公婆對我好好。我幫了他們很多年，事頭婆看醫生時我幫她看鋪，幫她賣生果。她煲了土茯苓湯就拿來給我，當我姊妹一樣，好friend。

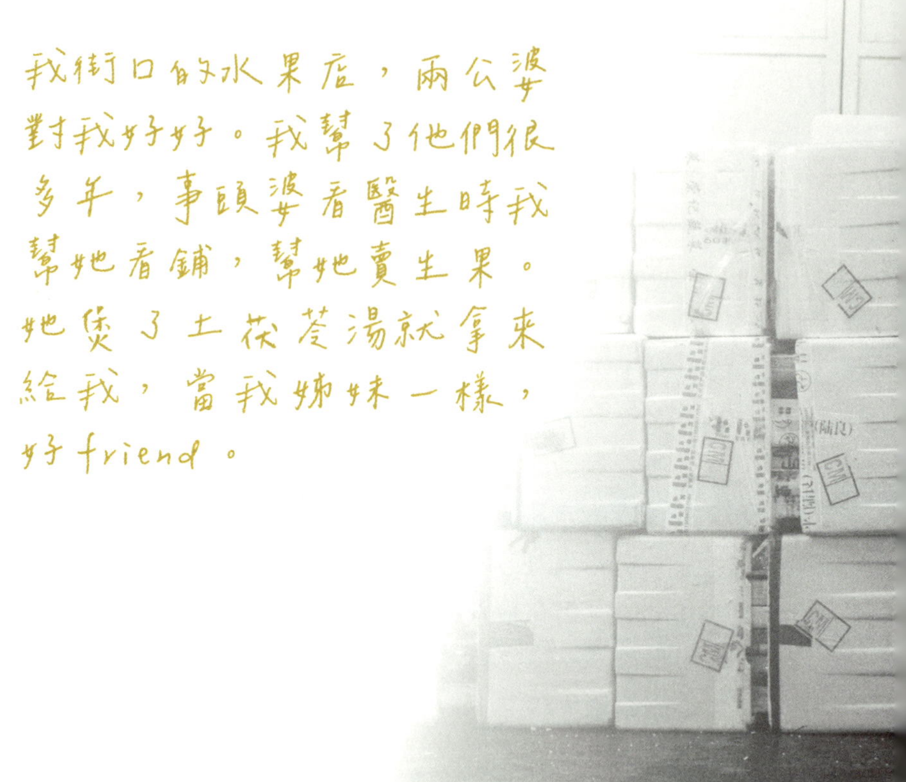

很多年前，珍姐曾經被搶劫。她記得當年郭晶晶結婚，周圍街坊都在熱烈討論，一個六十多歲的男人加入吹水，之後請她到自己家裡執紙皮。她跟男人上樓，當察覺不對勁想要逃離時，被男人從後勒頸，搶走她剛從回收商領取的5,000元現金。自此之後，珍姐總覺得氣管不太舒服，走大步也會喘氣。

街上不算安全，但她更不想一個人在家裡。老公過世之後，珍姐在街上的時間更多，「一個人好似不太習慣，好驚，如果自己在家裡，大廈又沒有看更，有什麼事的話……」她說，「寧願在這裡，有事時起碼有人知。」三年前，老公正是一個人在家裡、在睡夢中靜靜地過世。「三日後破門而入才知道，我以為他去了旅行。」

珍姐在廣州出生和長大，老公是妹夫介紹的朋友。他13歲偷渡到香港，小販、賣菜、行船，什麼工都做過，後來專拆石棉，「也不知道跟他死有沒有關係。」老公勤力也節儉，置業之後不捨得大裝修。被公司解雇後，老公跟她在土瓜灣拾荒，每天給珍姐煮飯，「日日送飯，別人羨慕到死。」

珍姐說老公的好性格，在街上變成弱點，「被人欺負到頭殼頂，一行開，別人就拉走他的車。」他們關係算不錯，結婚以來沒大吵大鬧，工作之外多數分頭行事，老公回家裡休息，珍姐則在街上看守紙皮。

老公走後，「情緒當然有，又怪責他，什麼都沒交低，有些地契證件找不到，鎖匙又不知在哪裡。」別人都說老公是孤兒，知道生活艱苦，人品好，死得舒服。但珍姐仍是覺得老公如此勞苦一輩子，死得慘。

從廣州到香港的拾荒

珍姐和老公的成長故事，折射了許多中港歷史的交織點。在廣州，珍姐母親賣菜、父親幫區委做事，一家有八兄弟姊妹。家裡生活貧苦，住在矮細樓房，夏天熱時要睡在街上乘涼。珍姐很早就跟爸爸拾荒，廣州當年沒什麼紙皮，他們背著竹籮在田裡執豬骨和鐵釘，踩三輪車載住到處賣。

珍姐的姊妹很早嫁人，但她很早認定自己不想結婚，一心想供養父母和弟弟的家庭，老來由弟弟和他的子女照顧。

她愛無拘無束的生活，上山下鄉的時期，初中生的她不願遠赴海南島，「根本不知道那裡有什麼，」便偷偷躲進別人家裡做傭工照顧小孩，一日收12蚊人工。政策放寬後，她又去工廠打工，福利不錯。「我那麼自由，家裡任我出入。」珍姐最初沒想到結婚，但是家人、老闆、同村人都給她壓力，覺得她要找一處人家，「個個鬧我──你不嫁，沒頭家，日後想靠侄仔，但他也會有自己家庭。但我決意不嫁。」

當時，老公經介紹到廣州跟她碰面，想娶她為妻，她不理，他一直等。老公是孤兒，做官的父親在三反五反的時候被強制送去勞改，母親連夜逃跑，當時沒有親戚敢接濟他，輾轉由同鄉照顧。直至父親獲平反，「但人當然死了。」13歲的他帶著政府給他的一筆錢，跟叔伯偷渡到香港。

珍姐看他不嫌棄自己，不賭也不酗酒，是一個安穩的人；父親又想她嫁，最終她在1988年跟老公成婚，年底有了女兒。1997年，她跟老公到香港生活，這才有了後續的故事。家裡有物業，老公又有穩定收入的時期，珍姐跟女兒花錢去追星，「是大花灑。」老來，兩夫妻開始在天后廟附近拾荒，近幾年，她才轉移到橋底工作。

「長篇故事。」她笑著說。

「天會錫住我」

這幾年，珍姐回復年輕時的心態，專注拾荒，看顧自己。試過被騙被搶，她不敢把紙箱放在街上等回收商來取，她想要一手交錢、一手交貨。在街上睡覺，伴著手推車和紙皮，是最安全的做法。最近，食環署因為收到投訴，清場也更加頻密，珍姐連早餐也不敢吃，一直忙到中午才願意喘一口氣。

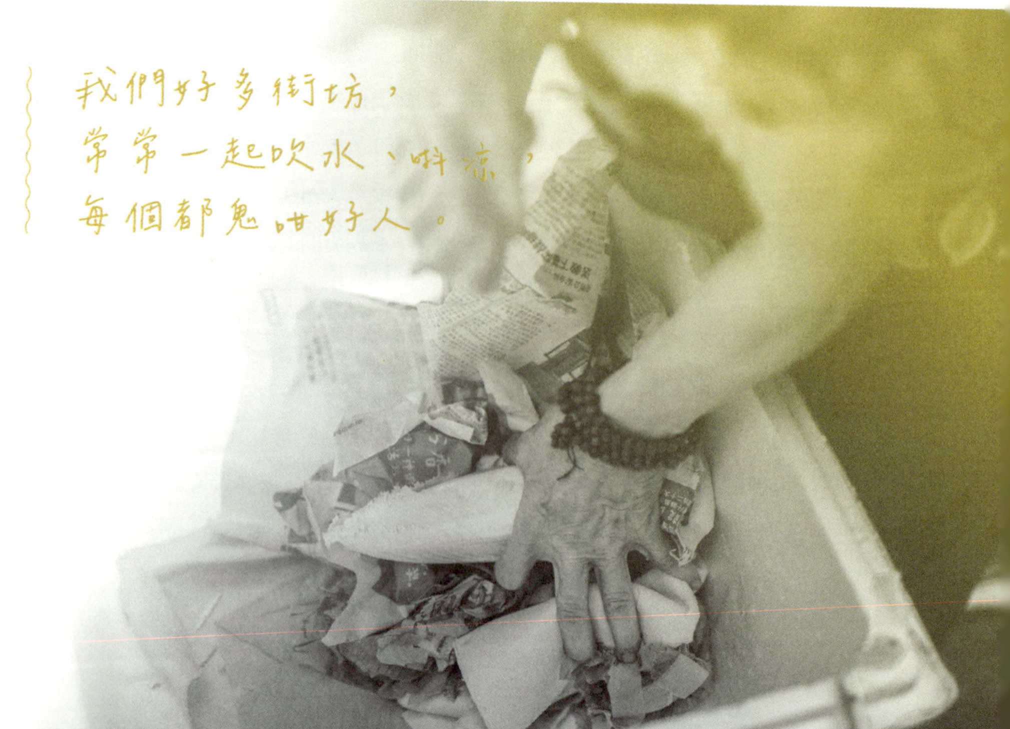

有時是街坊看顧她，她也樂於接受社區鄰里的互惠互利。「街口的水果店，兩公婆對我好好。我幫了他們很多年，事頭婆看醫生時我幫她看鋪，幫她賣生果。她煲了土茯苓湯就拿來給我，當我姊妹一樣，好 friend。」但珍姐不拿政府的援助，珍姐有樓住，無法申領綜援，而且她說那是「納稅人的辛苦錢」。

這晚，林太帶著飯盒路過，跟珍姐寒暄幾句，又趕著把晚飯帶給拾荒後回家休息的老公。在快餐店做廚房的順姐放工路過，也坐下閒聊，「跟她認識好幾年，在廟仔（天后廟）那邊。我休息就幫她推車仔去炮仗街。見到她老人家，我自己都會老嘛，有什麼所謂。」順姐說。

珍姐笑得見牙不見眼，「我們好多街坊，常常一起吹水、唞涼，每個都鬼咁好人。」

一個人但不孤獨，她手戴佛珠，相信天有神明保佑自己，「天會錫住我，其他人也會。你看這麼多車來車往，我不怕。」

拾荒者 不為人知的日常

拾荒者在社區有不同類型的身分角色，連結著社區不同的持分者。筆者嘗試將他們分類為「回收游擊型」、「商鋪鎖定型」、「街市清道夫型」，以及「後巷寄居型」。

游擊回收型

此類型拾荒者會於社區街道上遊走尋找紙皮，但這並不代表他們是隨意在街上執拾，而是他們十分熟悉廢紙箱的來源位置，他們甚至能夠掌握商鋪棄掉廢紙箱的時間，所以他們也不是在街上百無聊賴地遊蕩的。工作時他們會很有效率地收集紙箱，並把握時間送去回收鋪。這類型拾荒者的工作時間不會太長，可能是一個大半晝，夏天時因為下午天氣太炎熱，會於中午前收工，待日落時分陽光不會太猛烈時再出動。

鎖定商鋪型

這類型的拾荒者會長期在一些商鋪門前整理廢紙箱，因為他們與附近的鋪頭熟絡，老闆索性邀請拾荒者專門處理他們棄掉的廢紙料，因為通常這些店鋪類別多是以零售業務為主（如：藥房、便利士多商鋪或小型非連鎖式超市等），找拾荒者長駐的目的是減少垃圾堆積在鋪頭門口，而且又會協助清走。有些商鋪可能會提供少量報酬給拾荒者。拾荒者不需要周圍遊走收集紙皮，適合年紀較大，並且活動能力較弱的拾荒者參與。這種商鋪與拾荒者的合作，不但讓拾荒者可以有穩定的回收量，並且在回收過程有了商鋪的默許，可以在鋪前無形地建構一個回收空間。這個空間當然是短暫的，但至少拾荒者即使有時離開一陣子，到了別處拾荒或上廁所，都不會即時被人驅趕或清走，能夠給拾荒者一個短暫時間的保護。

街市清道夫型

這類型拾荒者會長期於舊區的街市範圍工作（指的是地面街鋪，不是政府管理的公共街市），基本上在這些位拾荒者會劃分了數個勢力範圍，由不同的拾荒者負責，河水不犯井水，有時拾荒者有可能也是街市叫賣的其中一分子。他們收集的廢紙量和垃圾數量多得驚人，每天的工作都很忙碌，還需要分早更和夜更，早更（零晨5點至上午7點）是街市開鋪前會產生大量垃圾的時候，而夜更是鋪頭關門前後的時間，夜更的拾荒者往往需要工作至夜深，甚至在回收車旁守候露宿，以防別人盜竊紙皮財物。另外他們有可能需要同時處理發泡膠的回收工作。由於街市產生大量的垃圾與回收物，負責的拾荒者有可能因為年紀老邁，工作能力下降，往往導致不能在短時間內整理好垃圾與回收物的分類，需要常常面對食環署的清場與驅趕，一天回收工作的辛勞會因此而化為烏有。

後巷寄居型

這類型的拾荒者在撿拾紙皮的過程中，找到一些橫街後巷擺放他們的手推車，這裡有足夠空間進行回收，讓他們有較多時間整理紙皮，同時亦不會阻礙街道上的市民行走和商鋪做生意。有時他們會將收集回來的廢紙拖行回後巷處理，也有一些拾荒者同時有在餐廳後門做洗碗清潔等工作，下班後就會在該位置繼續回收。工廠大廈或大中小型商場也有拾荒者專門收集於後巷丟棄的紙皮，他們亦會同時處理發泡膠

的回收。這類型的拾荒者雖然找到一個相對隱藏於城市的空間，工作時不需要理會別人的目光，不用「趕頭趕命」盡快完成工作，可找回自己的節奏。但也會遭到政府部門針對，因近年控制疫情的關係，政府需要打擊衛生黑點，而後巷是整頓衛生的重點位置，所以拾荒者擺放在後巷的紙皮和用鎖鏈鎖好回收車，也會經常被食環署職員和清潔工友清理。[63]

另外由於這些空間是位於後巷，後巷環境通常充斥著各類型商鋪在後門所排放的油煙、化學氣體，或有害物質，令到後巷烏煙瘴氣，這令拾荒者工作時會很難受，同時慢性影響他們的健康；而且亦有治安問題，會有不法之徒潛伏在後巷搶劫，對他們人身安全構成危險。筆者曾經認識一位拾荒者在後巷從事回收已十多年，每次當我去探望她時，都總會看見有男性在她工作附近除褲小便，由於經常都出現這種情況，導致後巷環境惡臭難擋，惹來蛇蟲鼠蟻，食環署職員和市民卻將這情況怪罪於那位拾荒者，漠視男士們當街大小便的問題。男士們都不應在街坊（女性）面前小解，這情況有可能令女性感到不安，構成性騷擾，所以筆者見狀便向食環署投訴，要求他們盡快跟進這些問題。可惜到現時為止，後巷的情況依舊沒有改善。

拾荒者的工作倫理反思

以上類型的拾荒者不但讓我們看見這個群體的多樣性，更讓我們知道他們不只是一群長者去「執垃圾」這麼簡單。他們在處境中有演變出來的智慧，令到自身可以適應和持續發展下去，有時候筆者認為他們就是一群硬漢子、鐵娘子，在這個複雜多變的社會，比誰都更快適應和更堅強。很多人會將本地拾荒的問題歸咎於長者貧窮和福利問題，認為增加社會服務和福利的支援就可以解決，不過**若果我們嘗試跳出貧窮以外的狀況去看，這不單只著眼於貧窮和經濟支援的問題，而是應從個人生活的處境，擴展至社區經濟與勞動層面的角度。**

拾荒工作性質本身是沒有雇主聘請的，他們是自雇類別的群體，所以從根本上他們的工作是沒有人會提供勞工保障的。除了勞動缺乏認同，在回收業的角度去看，拾荒者能夠

有機會在街道上收集紙皮，全因街道上的商鋪和市民將他們的廢棄物扔到街上，任由拾荒者執拾，理論上店鋪是需要自行處理垃圾和回收分類。但雇主不自行安排員工負責處理，反之假手於拾荒者幫他們完成，他們之間沒有雇傭關係，在處理回收物分類的過程變相是剝削了拾荒者的利益，**要他們白白付出勞力，在勞動力與回報不對等的狀況下，拾荒者的勞動處境是不公義的。**

拾荒者在日常的工作裡，除了撿拾回收物的過程是一種工作環境差、高勞動性和長工時的工作外，還會被社區四周的環境因素影響，我們嘗試透過對拾荒議題的觀察和研究，列出了8項拾荒者在工作時會遇到的情況。分別是**「遭食環署驅趕、票控和充公財物」**（已於上一章節詳細解說）、**「曾發生交通意外」**、**「與人爭紙皮或搶紙皮」**、**「工作時受傷及出現勞損狀況」**、**「被偷去財物」**、**「被市民或商鋪不禮貌對待」**、**「被回收商呃秤」**和**「酷熱或惡劣天氣下工作」**。接下來讓我們仔細了解每一個處境狀況是怎樣的一回事：

發生交通意外

過去在傳媒界別看見報導得最多有關於拾荒者的新聞，都與遇到交通意外有關，而且結果多是拾荒者因此喪失生命。拾荒者容易遇到交通意外的原因如下：

每當拾荒者要準備手推車往回收鋪變賣時，只有行人路和行車路可作選擇，**使用行人路推回收車會阻礙市民，經常被市民責罵，所以他們大部分都會選擇以行車路推車**。但由於車輛行駛的速度快，司機有時未必看到拾荒者的手推車在側邊位置推進。因此會經常出現手推車刮花汽車、汽車與手推車發生碰撞，或手推車突然從行人路邊衝出車路，令司機未及時煞車等的情況，都會導致拾荒者受傷。

其次，有些較為高身的貨車因為車頭高於地面的水平線、司機無法看見地面的物體，或將車後移卻來不及看倒後鏡時而發生意外。加上很多拾荒者的身型細少或有駝背的情況，當他們彎身向前推手推車時，便因視線範圍有限而輾過拾荒者，導致他們死亡。

另外關於發生在晚上或深夜的意外，由於路邊光線不充足，加上拾荒者身上和回收車都沒有一些明顯的夜光標記可提示司機，特別是一些落斜路的轉角彎位，若司機未能及時收油扭軚，便會撞倒拾荒者。還有拾荒者可能貪一時方便走上高速公路，當車輛的車速太快，黑夜又很難看見人影，意外就會因此出現。

與人爭紙皮或搶紙皮

所有人都可以參與回收工作，並沒有規範了某種群體從事拾荒，所以若有競爭對手與拾荒者一起進行回收工作，就必然引起競爭。有時候上了年紀的拾荒者，會比較容易被人搶去紙皮、以及其他的拾荒者搶去了他們所負責的地盤。**競爭有可能是來自年齡與體力的比較**，跟弱肉強食的世界一樣，年老體弱的會慢慢被淘汰，工作有效率的拾荒者則必然大受歡迎。

被偷去財物

紙皮是可回收、有價值的東西，拾荒者經常遇到同行從業者和社區不同的持分者盜竊辛勞收集得來的紙皮。當盜竊情況出現時，即使拾荒者報警求助，若沒有被盜竊的證據，警方不會受理協助查案，因為證明不到手推車和紙皮是屬於拾荒者的。如手推車被偷取的話，也因為無法識別而很難尋回。另外拾荒者的私人財物會因為擺放的位置暴露而增加風險，容易讓賊人下手。

在我們認識的拾荒者中，沒有一位是未被人盜竊過的。街上的人來來往往，特別是拾荒者常在街上露面，很容易會成為不法之徒的目標，像珍姐被打劫的經歷，在其他社區也曾經發生。甚至曾有拾荒者特意弄破新鞋子，目的是避免被偷去，最後當然也是事與願違。

工作時受傷

拾平台認識的拾荒者由於長期接觸垃圾，加上他們工作時沒有太多保護裝備，**很容易接觸到細菌而感染疾病**，像疫情期間，拾荒者都較容易患上新冠肺炎。另外在處理回收分類時，可能會夾雜著**一些容易割傷手腳的碎片、有毒的化學物質**，很大程度會對他們造成嚴重的傷害。

被市民或商鋪不禮貌對待

市民有可能受到社會、媒體負面報導所建構的不良印象影響，對拾荒者的感覺負面。如街上堆積如山的垃圾令市民厭惡；大部分去探訪或認識拾荒者的義工，都認為他們是有經濟需要才要選擇以拾荒為工作，在社區看見拾荒者的存在會感到不自在；**市民沒有將拾荒者與環保回收扣連，忽略了他們對社會的付出**。平日落區探訪的時候，我們看見很多市民會將準備棄掉的垃圾放在拾荒者的手推車，他們可能認為拾荒者撿拾紙皮與處理垃圾的工作是相同的，放在他們的車

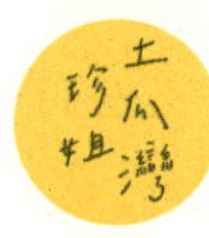

上自然會幫忙丟掉。但這種貪一時方便的誤解，有可能會對拾荒者造成傷害。事實上手推車上沒有垃圾，只有可回收的物品。大家請不要棄置垃圾在拾荒者的回收車上吧！

被回收商呃秤

這種情況經常於拾荒者群體之間有所討論。回收商的磅有一個搖控器，可以調較磅的量度功能，令回收重量可加可減，但這些謠傳是未經證實的。不過回收鋪每次量度拾荒者的回收物，都必定會先扣減回收車的重量。

酷熱天氣或惡劣天氣下工作

近年全球氣候變化令天氣異常，戶外溫度變化極端，長時間在社區進行回收工作的拾荒者經常要面對酷熱的天氣。**他們長期於高溫的街道上工作，極大機會中暑、脫水，嚴重者可能會昏厥休克或死亡**。雖然政府近年有訂立沒有約束力的酷熱天氣指引，但由於拾荒者是自雇人士，工作處境未必有人會提醒他們休息。拾荒者有時因習慣了在炎熱侷促的環境下工作，有可能未必意識到自身身體狀況的變化，需要左鄰右里的街坊們在他們身邊守望看顧。

拾荒者日常工作雖然長時間獨立運作，但在其工作的過程中，均會與社區不同的持分者連結，特別在一些舊的社區（待重建），拾荒者會成為主要收集回收物的持分者。[64]

食環署潔淨組職員

他們在社區的工作主要是維持街道上的整潔和保持公共空間的衛生狀況良好。因此他們會經常巡查街道了解情況，他們與拾荒者之間的關係，多數是有關執行公共衛生條例時的對質，有些地區的食環署職員會友善地提早通知拾荒者移走物品，亦有些地區會經常有突發性驅趕清場的聯合行動，在沒有通知的情況下清除街道上的障礙物，包括拾荒者未能及時移走的物品。

地區清潔工友

在政府外判制度下任職的清潔工友和政府直接聘請的工友，他們都需要清理街道上的垃圾和阻礙物，有時會因拾荒者使用街道進行回收或囤積雜物於行人道上而產生衝突。清潔工友的角色是兩難的，有地區的工友與拾荒者是鄰舍或朋友，當他們需要清潔街道時，會提醒和預先通知拾荒者盡快將家當移離現場，但亦有些地區工友與拾荒者的關係較差，會將拾荒者的物品強行清除，甚至有拾荒者見到工友將充公他們的紙皮拿去回收鋪賣。由於清潔工友不能夠在上班時撿拾紙皮變賣，遭發現會被解雇，所以有部分清潔工友會在下班後繼續進行撿拾回收的工作幫補生計。

地區商戶

大部分商戶都會因進行經濟活動而產生大量垃圾和回收物，特別是從事零售業務的商戶，因需要不斷售賣貨品而拆貨開箱、積存大量紙箱，拾荒者協助這些地區商戶處理大量垃圾和分類回收。很多商戶會將拆了的紙箱放在商鋪門前，待拾荒者自行撿取。也有些商戶會先整理好拆開的紙箱、用繩紮好，再等候相熟的拾荒者經過以給予他們。商戶對拾荒者都有不同的印象，有店主會認同和肯定拾荒者對社區的貢獻，也有老闆們會支援拾荒者，幫他們修理回收車或將紙箱拿去拾荒者工作的地方。不過當然亦有對拾荒者呈負面印象的，會認為拾荒者令社區衛生環境變差，阻礙他們經營，影響生意，常常打電話向政府部門投訴，希望食環署趕走他們。

地區回收鋪

他們與拾荒者有著密切的關係，互相倚靠。拾荒者多會選擇路線較方便和安全的回收鋪去交收回收物，亦會選擇回收價格較公道和「唔呃秤」的回收鋪。由於經營回收業艱難，有很多原先租鋪經營的都轉了以回收車的形式來減低成本。回收鋪工友有時會協助較年長的拾荒者推車上磅，或會提供手推車予拾荒者使用，拾荒者必須在借車的回收鋪內上磅，互惠互利。近年本地多了南亞族裔群體經營回收生意，他們對年長的拾荒者照顧周到，協助推車上磅之餘，還預備椅子供拾荒者休息一會。

綠在區區

綠在區區（簡稱：6仔）是一個服務全香港的社區回收網絡，接收不少於八種日常可見的回收物，並提供一個區域性的回收樞紐和環保教育給市民。[65] 某程度上「6仔」讓拾荒者多了機會去回收不同的物品，只是6仔不是採用有價回收的形式，而是以儲積分換物資來吸引市民參與回收。拾荒者會收集膠樽、玻璃樽或紙包飲品盒等交到6仔，以換取一些食物或基本物資。有些綠在區區租用的空間較寬敞，可提供一些空間讓拾荒者擺放他們的回收車，建設友善對待拾荒者的措施，但未有太多6仔會連繫到拾荒者的工作，合作環保回收項目。

區議員

過去多年對區議員的了解，就是每當區議員收到市民對拾荒者「阻礙行人通道」的投訴後，便會聯絡食環署安排清潔工友清走拾荒者的物品，很少會聽到區議員願意幫助拾荒者。但亦有與拾荒者很熟稔的區議員會在社區派發物資、舉辦並邀請拾荒者參與文娛活動。

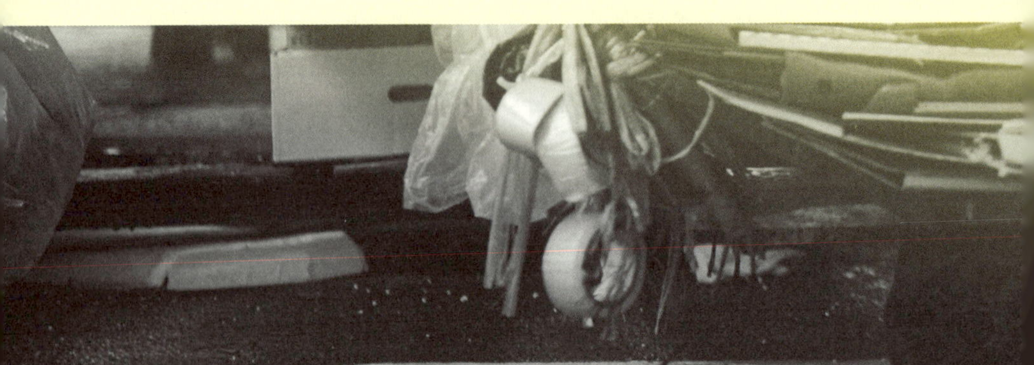

宗教團體

大部分均以慈善形式服務拾荒者，有些團體會持續定期探訪拾荒者，或邀請他們參與團體舉辦的活動，像教會崇拜和聚餐等。在過去多年的觀察中，發現能夠與拾荒者建立長遠關係的群體，以宗教團體為主要，如：教會團體租借該區的物業作聚會用途、在地區進行社會關懷的工作等，他們的持續性使拾荒者能夠除了自身家庭外，還有教會團體在社區的服務和關心。

社會工作者（社工）

暫時而言，只有少數社福機構提供專門關心拾荒者的服務。社工會以外展探訪形式接觸拾荒者，主要了解他們在生活和經濟方面有否需要支援和跟進，由於社工主要職責是建立關係、評估需要和提供轉介或服務，對拾荒者在工作上的處境則沒有太多的關注和協助。

好姐

我又不是偷嘢，
我光明正大！

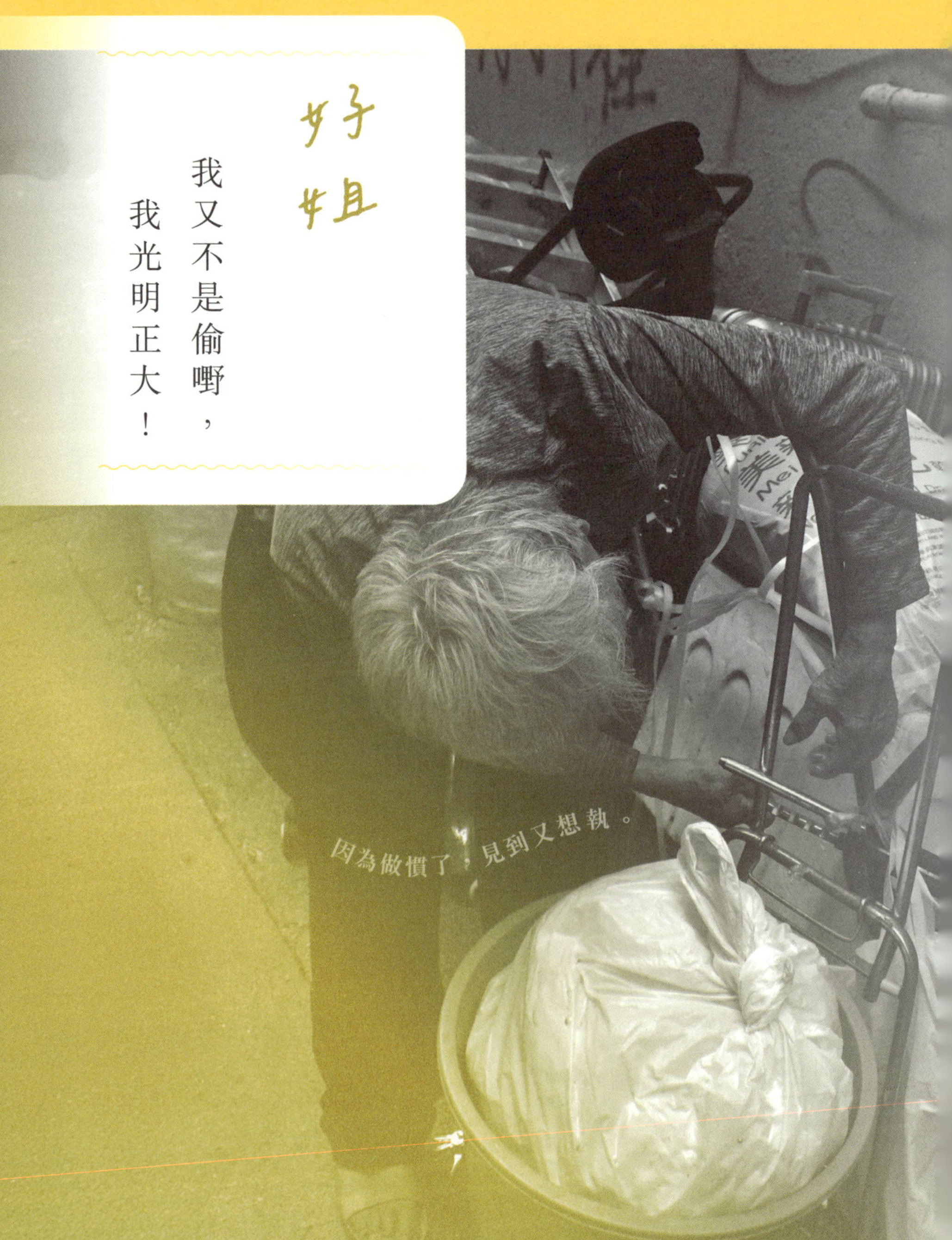

因為做慣了，見到又想執。

對**好姐**的第一印象，是她極其佝僂的駝背。她駝背的程度是不管再冷漠，哪怕背負了一整天工作累積的疲勞，甚至要從首站坐到終點站的乘客，也不忍視若無睹，會急急站起來讓座的那種。好姐身形嬌小，一頭蓬鬆短髮，腰背彎曲的幅度讓她只能以頭頂迎向前方，且步速極緩，令人無法想像在油麻地鬧市中，她如何能穿梭於熙攘人潮，更別說從沒有交通燈的馬路一端安然走到另一端。但這繁忙擁擠的街頭，正是她每天的工作場域。

即使坐下來，她也無法挺直身子，視線長期隨垂下的頭投向地面，讓對座的我始終沒能看清她的臉面。先打開話題，問好姐今天幾點開工，她說兩點。我們約在下午三時見面，心想這不可能吧，追問下才知道所指是昨夜凌晨兩點，這種作息實在令人驚詫。「夜晚涼爽，太陽出，個位就好曬，有事做寧願早點。」她避開的除了炎夏的強烈日曬，還有清早就出沒的食環署職員驅趕。「我驚住天光，食環署來到又話我多嘢，成座山咁，見到又唔鍾意。我早點來刑好，用車裝住就冇咁難睇。」面對食環，她大多避之則吉，有時會以「螞蟻搬家」的方式先將堆放的紙皮一車車地移放別處，待「影晒相」才逐少搬回原地，她慨嘆，每次搬都攰幾日。不久前，早上才七時多她回到「檔口」，發現壓好的一堆紙皮一塊不剩地被充公掉，「呢頭執返嚟，嗰頭就同我鬥早，拿晒去」。

嗰幾個老闆好鍾意我嘛度，有紙皮就扔出來

好姐工作的「檔口」在油麻地內街馬路邊，車流人流俱少，每天都會堆起附近商戶棄置的紙皮；有人直接扔來，也有不少扔在她停放於店外的車仔上，由她推回「檔口」處理。油麻地這一帶，距離遊客區有段距離，藥房不多，而好姐主要收集來自附近五金鋪用作盛載貨物的紙皮。「五金鋪紙皮先靚，又大個又厚。」有貨返的日子，商戶大多在下午三時拆箱，好姐收集過後便會埋頭處理。

有時路人會罵她「整到地方邋遢」，「話我執啲嘢返嚟，製造垃圾！」而「檔口」旁的商店則與她「劃清界線」，不許她「過界」。也有老闆很歡迎好姐，「佢哋話阿婆嚟到，好生意啲。」好姐心水清，知道自己的價值，「嗰幾個老闆好鍾意我喺度，有紙皮就扔出來，不用阻住佢，他們不敢扔出街，怕被罰款，扔給我就不用怕，要罰就罰我。」一天下來，做不完的工夫會暫放原地，回家吃個晚飯、睡一覺，凌晨起床後繼續。在天未亮的油麻地街頭，早起的她會將

前一天收集的紙皮全數綁好、濕水、疊好後，把握回收鋪開門前的空檔，先忙另一門「生意」——到天光墟擺地攤。一直到早上八時前食環署清場她才「收檔」，趕回去推紙皮賣，然後又開始新一天的循環。

受屈氣憤 爬上車、起稿寫信，據理力爭

初見面時一度被好姐的爽直震懾。問她訪問當天是否不用開工，她說：「日日都係咁，有咩使唔使？」再問平時幾點開工，她說：「幾點都冇所謂。」錄音筆將我的幾聲乾笑也如實記錄下來。好姐快人快語，非常精靈，迫不得已與執法人員正面交鋒時，亦始終不甘示弱。

好姐憶述蒙冤的一次，有天她如常在街上工作，突然兩名食環署職員出現，「兩個穿白衫的阿頭呃我入後巷，問這兩個行李箱是不是我的，叫我打開，話睇下裡面有冇人頭。」雖然懷疑荒謬，好姐自感光明正大，便隨行打開。查看下，行李箱裡只有她從街上撿來的毛公仔和卡式石油氣爐，好姐說對方仍繼續「問三問四」，又遲遲不肯放行，覺得有古怪，便扔下行李箱，不顧喝令跑出去。她回到大街上時，直直看見自己的四部車仔已被搬上了大貨車。她當時立即「爬上車」想搶回去，現場卻有兩人將她拉住，還有人呼喝司機快點開車。最後車開走了，她才被放開。

好姐竟鍥而不捨，自行趕上巴士衝到位於官涌的辦事處。聽到職員出來威嚇「一架車仔罰千五，四部就罰六千」，雖然生氣，她仍保持理性，「我話『你做罰架咩？唔係上庭個官罰咩？』我咁窒佢，我睇電視都識得，我話『如果你咁罰，我要投訴』！」回家後，她請阿謙幫忙查找金鐘總部地址和涉事幫辦姓名，自行「起稿」寫信，更細心謄寫一遍，不過未及提交，便收到當局來電，主動將沒收的財物歸還。「佢唔驚我投訴咩？如果唔畀返我，我搞大㗎！」好姐不服食環署職員聲東擊西，因此知道要先去錄口供，也毫無懼色，「你點對我，點呃我，我咪講晒出來，我知道你是油麻地幫辦，你走得去邊！」最終經多番周旋，車仔在訪問一星期前，耗時長達一個月終於悉數交還。

他們十幾人，我睇住他們一車一車推我的嘢上去

空窗期間，好姐只剩一部車仔，根本不足以收集各方紙皮，連同大雨天下教會義工路過贈送的一部，這個月來雖不致手停口停，但長年與執法部門的拉扯已令她意興闌珊，「我損失好大，所以我話我唔想做，天一半地一半，吃飯錢又被拿，人又來偷。」除了紙皮偶爾被偷去，食環署近年亦加大力度執法，經常大規模出動剪車。

「之前開部大貨車來，那次我在現場，他們十幾人，我睇住

他們一車一車推我啲嘢上去。」眼見好姐步履蹣跚，實在難以想像她如何如她所述般跳上大貨車，一股勁地坐上司機位。「有人話，你坐這個位罰5,000蚊。我話咁我唔坐呢個位，我坐旁邊！」她知道一下車，車就會開走，拉鋸多時，她主動報警求助。當警察接報到場，有街坊在旁嚇唬說警察來捉她，「我話唔驚佢捉，警察冇理由拉我去，我又不是偷嘢，我光明正大！」她說蟻仔都會搵嘢食，覺得自己不是做壞事，「我是正常的，阿婆幾十歲唔係執紙皮做乜嘢？」最終警察與食環署職員接洽後，答應交還未拖上車的半數紙皮，勸喻好姐落車。雖然眼見辛苦收集得來的紙皮被充公，好姐自知繼續坐下去也沒辦法，只好無奈落車。

根據往例，個別地區、個別執法人員會酌情處理，但沒有統一的執法溝通機制前，警察調停的立場與取態並無定數。誇張如好姐的飯煲內膽也被充公過。取不回，家裡的飯煲只能報廢。「（那次）我煲了湯，太燙了，又想快點開工，就拉埋電飯煲個膽子落嚟，待涼了才喝，連我個膽都拿走。連我太熱除低件衫，都要拿走」。

到天光墟擺賣 聰明制訂促銷策略

訪問過程中，好姐不下一次提到自己「想唔做了」，因為常常「天一半地一半」，辛苦收集的紙皮常常被充公或是被偷去。即使工作期間曾遇過幾次交通意外，遭家人極力勸阻，每次她都以「賣晒呢啲就唔做了」推搪，「因為做慣了，見到又想執。」誇她獲發還車仔後共有六部，是區內大戶呢，她卡卡大笑，被逗樂了。

每天遊走街上，除了紙皮，她都會留意有沒有舊物可以撿拾，於清晨橋底天光墟擺賣。衣服鞋物、電器、廚房用具、砂煲罌罉，都能在她的地攤找到。「衫好平㗎咋，5蚊一件咋！」好姐就以日常叫賣的口吻向我介紹。她說，有人會將舊衣物摺好放進膠袋裡才丟棄，甚至會先清洗乾淨。舊衣她採取薄利多銷的促銷策略，而最值錢的則是附近「三行佬」賣不掉的舊款電鑽，他們會特地留給好姐。瓷器她不懂行情，隨心標價，說執返嚟的，平貴都好。而精靈的

好姐更會留意貨品的季節性，因時制宜。例如佛像、瓷器、名酒等，她會留待新年前才「推出」應市，笑笑說道：「賣的時候，誇張一點講『這些古董，你值得收藏架』！」

享受做「社區老師」分享生活經驗

拾平台恆常舉辦真人圖書館，讓街坊們當上「社區老師」，與公眾、學生、教友分享自己的生活經驗。好姐初時覺得自己只是執紙皮，沒教人的本領，拒絕過幾次，後來終於答應。好姐雖然講話斬釘截鐵，說起開心事時會露出甜絲絲笑容。「我好鍾意同啲學生講嘢，講食環署啲衰嘢。」她卡卡大笑。「揸好多次大車來。果欄那些卡板，整棟棟在街上又不碰，整天來找阿婆。我話你做人唔好咁啦，常常盼住阿婆，大老闆你又不敢行埋去。」說起同學仔好多嘢講，問紙皮賣幾多錢，問哪個步驟最辛苦，她又不經意笑起來。

看看手錶，每逢週六會到檔口探望好姐的教會義工差不多時候到達，便陪同好姐一起從快餐店走回去。雖然只是短短幾個街口的距離，彌敦道上行人如鯽，駝背令視野無法觸及正前方的她幾次差點碰上燈柱。沒有交通燈的內街馬路上，看準車流減少的時機，我揚起手，讓好姐可以專注過路。在檔口堆積不多的紙皮間，有一杯冒著水珠的凍飲，好姐說有時街坊會買飲料請她喝。離開前，她囑咐我將來經過要找她聊聊天，「冇人睬，成日孤零零自己喺度又好悶」。

多元的友善對待
拾荒者方案

與好姐傾談相處，總要時常打醒十二分精神，聆聽她在社區不同的經歷。有些商鋪老闆對她很好，會提醒她食環即將來清場，又留紙箱給她；有些老闆卻對她不太友善，會投訴她阻街，恨不得她立即離開這個地方，不要阻礙他們做生意。好姐倒像個生意人，有市民拿舊東西給她去賣，她都會評估物品的價值有利可圖才收取，她在天光墟的攤檔都有不同的社區人士光顧，能夠賺多一、兩蚊那天她會很有成功感。還有的是，好姐和附近兩、三位拾荒者組成的「姊妹團」，經常聚起來聊天閒談，平日互相照應，感情很好。筆者所認識的好姐健談活潑，不會因她本身駝背的狀況而影響生活節奏和心情，**社區對待她的友善是自然而生的，沒有人推波助瀾建立美好社區，社區本應就是如此友善和尊重彼此。**

拾荒者在社區未必與所有人都能夠建立良好關係，總會

有人帶著有色眼鏡去看拾荒者，當然他們亦有需要與社區合作、保持環境衛生，不要製造衛生問題，可惜的是我們大部分時間只以苛刻和嚴厲的態度對待拾荒者，卻未能以同理心看見他們的年老與限制，或代入每一位老友記的處境，他們無論精神與能力都追趕不上成年人。筆者一直在拾荒的議題上**提倡友善對待拾荒者的社區，目的就是希望讓人看見拾荒者與社區不同的持分者其實連結彼此，沒有誰比誰更有權力更有價值，或者嘗試將每個人平等地看待**，包括拾荒者，讓他們能夠有尊嚴地與大家共存。筆者在這幾年的地區工作裡，對社區實踐友善對待拾荒者都有一些看法和實踐，整理如下：

「Labor & Neighbour」關注勞動與鄰舍同行服務模式

除了要認同他們的勞動價值之餘，我們亦要去支援他們的工作處境，在尊重長者選擇拾荒為他們的工作同時，必須有相應的社會服務介入。除了在勞動處境介入，也需要建立長者工作以外的生活，並按其需要作出支援與晚年規劃服務，期望能全方位地支援拾荒者在勞動與晚年的生活，讓他們的生命能夠圓滿。建議針對拾荒者群體建立一種社區支援模式，如下：

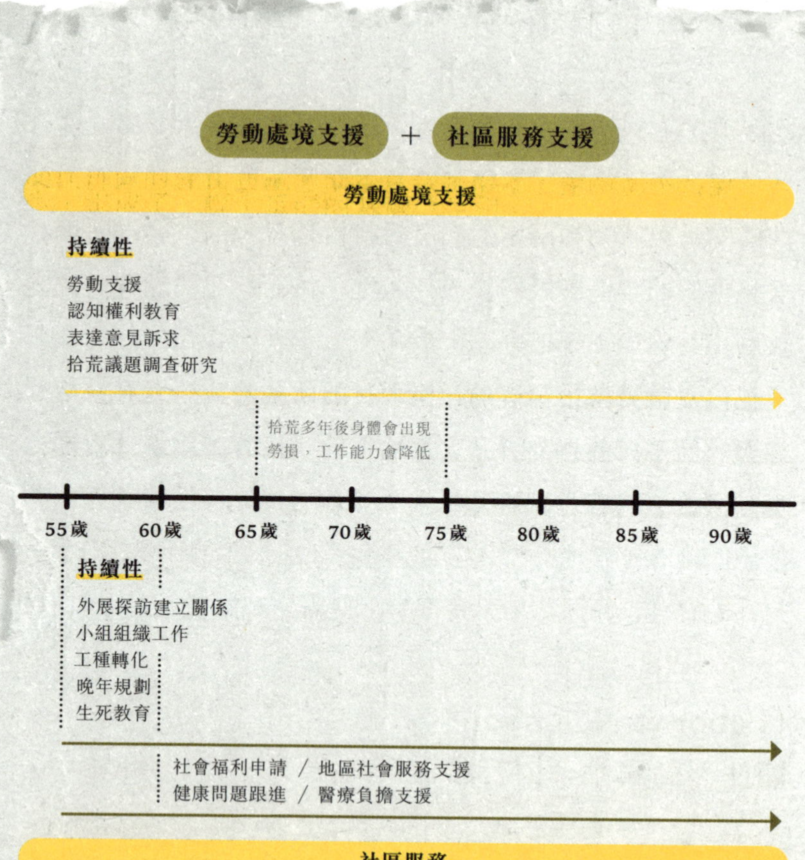

「Labor & Neighbour」關注勞動與鄰舍同行服務模式，是以拾荒者的工作處境為首先介入的途徑，以「勞動」(Labor) 向導協助拾荒者找回身分認同，認同自身工作是回收業界其中一分子，幫助他們了解行業資訊和權利，且透過研究調查協助他們表達訴求和想法，為拾荒者建立平台向業

界和政府反映意見。同時希望透過社會服務支援其身心社靈各方面的需要，亦期望能夠陪伴他們度過生老病死的人生階段。除此之外，由於大部分拾荒者需要面對日漸年老的身體，與勞動工作帶來的勞損退化，或有可能遇到各種家庭關係和生活困難等問題。這時候，社會服務的介入十分重要，拾荒工作是高勞動性的，很多街坊年終無休地工作，沒有時間去理會工作以外的事情，忽略了自己的生活需要。他們從事三至五年後身體會出現疲態，加上工作要不斷彎腰執拾，以及身體多處部位受壓，令其手部腳踝和腰部加速勞損和退化，體力下降更令工作能力大減，因此，他們需要面對的問題就不單是勞動處境的問題，還有自身健康所需要面對的問題。

以社會服務的介入的方法成為他們的「鄰舍」(neighbor)，**正是他們於工作以外支援需要的同行者，社區工作者可以從他們日常生活中提供支援**，如：社會福利的申請跟進，長期病患中的醫療負擔、覆診陪診、心靈輔導等，填補勞動支援未能覆蓋的層面，並且可以透過服務小組的工作，與拾荒者訂下晚年規劃和工種轉化的可能性，計劃他們的生活時間表，為他們建立有意義的晚年生活與社區結連。而工種轉化則可以讓他們由高勞動性的拾荒工作，選擇轉換至勞動性較輕省的工作，避免健康狀況因高勞動性而惡化，轉變工作環境更擴闊拾荒者眼界，學習不同的技能而不是過著勞役的生涯。

將拾荒者納入為地區長者服務資源的支援對象

現時的地區長者服務中心，並沒有特別為拾荒者提供特定的支援，原因是地區服務資源並沒有涵蓋拾荒者，長者中心的社工即使遇到拾荒者有需要，都只會歸類為普通長者的身分處理，並不會關注拾荒者的工作。**建議勞工及福利局研究將拾荒者納入為地區長者服務資源服務對象的可能性**。同時鼓勵社福機構，若有興趣參與關心拾荒者或計劃為拾荒者開展社會服務的，先以外展形式持續關注拾荒群體的「身心社靈」，協助申請社會福利資源、經濟支援、提供和改善安全的工作環境及保健資訊予拾荒者。並嘗試進行社區發展模式的工作 (Communiy Development)，定時綜合拾荒者的需要和訴求上達政府有關部門，改善他們的處境。另外，服務拾荒者的團體可連結學校和其他團體，與拾荒者合作推動環保回收教育，鼓勵市民將廢物分類回收，由拾荒者與社區居民互動交流與實踐，實現社區零垃圾。並與環保團體和回收業界合作，推動塑膠類物品有價回收，讓拾荒者能夠有多種回收物種可選擇。

協助拾荒者工作轉型，成為回收分類員

即使政府在地區長者服務增撥資源，令拾荒者可以涵蓋在服務範圍內，又或將長者福利提升，目的是讓拾荒者有足夠基本生活的津貼支援，他們仍有機會選擇從事拾荒工作，因為拾荒的工作性質相對受雇比較自由沒侷促，可彈性參與亦可自主安排休息時間，對於晚年的長者來說，是想繼續工作的一種理想選擇。**既然社區持續會有長者選擇這種工作，為何我們不嘗試好好規劃社區的回收系統，而不是將垃圾管理和循環回收的運作分開處理？**

過往亦有環保團體如：不是垃圾站、勞工組織香港婦女勞工協會與理工大學合作，倡議改革垃圾站的使用方式和長遠規劃，建議未來垃圾站盡用地積比後可加建數層，這些空間可以用作成為廢物循環回收中心，垃圾收集站不再只是收集垃圾的地方，而是一個可實現社區零垃圾的空間。現時環保署已選址洪水橋，建議興建一幢六層高大樓暨重置垃圾收集站，會於大樓設立社區回收中心，可接收塑膠、玻璃樽、小型電子產品垃圾、金屬廢紙等。[66] **建議可讓拾荒者參與在這個回收系統中，聘請他們成為雇員**，讓他們能夠從拾荒工作轉型，成為分類員、環保教育導師或社區回收大使，回收中心可成為拾荒群體充權的空間，肯定其對回收業的貢獻。

促進社區友善回收，連結不同持分者

拾荒者認為部分的回收物品處理過程繁複（如塑膠樽、玻璃樽和紙包飲品盒等），會令他們分身不暇，如玻璃樽的收集過程，要倒清樽內液體，同時又要移動去特定的回收點，搬運玻璃樽太重，處理回收過程的工作量太多，所以他們未必會選擇去收集這些物品，寧願選擇他們能力所及的回收物品（如紙料和金屬）。**建議在公共空間提供可以清潔回收物品的位置**，例如於公園內、垃圾收集站旁，或公共洗手間附近設置清潔設施，以便拾荒者和市民進行清潔。還有提供盛載回收物品的收集籃和搬運回收物的手推車，以便拾荒者於工作期間移動回收物至回收點。在台灣有民間組織「五角拌」，為地區的拾荒者設計了一個回收友善政策，**呼籲市民將居住附近的拾荒者位置在網上登記，讓公眾可將回收物交予拾荒者處理**。另外他們與回收公司合作，以高於市價收購拾荒者回收的膠水樽，組織他們一起商議制定更好的回收友善政策，進行倡議研究的工作為拾荒群體發聲。這些都是可連結回收業協作的方式，讓拾荒者和市民與回收業進行互動，友善學習回收。[67]

有價回收提高回收量

現時可有價回收的物品不多，拾荒者寧願選擇收集紙皮，因現時廢紙回收價藉政府向回收業的補貼措施，令紙料回收仍然可維持於 $0.7以上的價位。建議若塑膠回收要採取有價回收策略的話，可參考不同國家的做法。就以塑膠水樽為例，據「綠惜地球」的調查研究，發現其他國家回收塑膠水樽是使用「按樽制」，就以按樽價最低（$0.6）的兩個地方：**克羅地亞和加拿大薩省為例，他們的回收率分別也有90%和88%。可見按樽政策行之有效**。[68]環保團體透過香港民意研究所進行問卷調查，發現70%市民支持按樽 $1，近60%市民認為要涵蓋含有塑膠的紙包飲品盒，環團認為若無法規管，市面只會湧現紙包水等其他包裝，無助減廢回收。證明市民都支持高價回收塑膠水樽，以助政府增加回收率。[69]

社區支援的友善，凝聚不同的點子與力量

1. 以社會創新設計的方式，**設計一些手推車的停泊站**（見圖），靈感來自新界區一些空地放置了單車的泊車位，這些泊單車的設計有兩層，手推車的體積沒有單車那麼大，還可以收起和打直車身存放，節省很多空間。這亦同時

需要與政府部門斡旋，游説他們有關放置設備的重要，又或先於私人物業的空間試行，若建立到拾荒者的停泊習慣後再倡議研究申請使用公共空間。

2. **建立一個二手手推車收集庫，回收全港二手的手推車**。回收回來的手推車進行再粉飾與維修，在地區外展工作時提供替換二手車服務，以填補社區未能有任何安全的空間容許拾荒者擺放手推車，服務除了提供予拾荒者，也可提供予其他手推車使用者。

3. 有關於長者進行拾荒工作時受傷，在處境上是無可避免的，因為回收物內包括有很多不同的雜物或化學物質，接觸它們某程度是有一定的風險，可以做的事情就是**預防和教育拾荒者，教他們開工前帶備手套、護肘、水鞋等基本的防禦裝備**，讓他們建立一個安全的意識。另外就是環境，由於整理回收物的環境多數是橫街窄巷，或與垃圾擺放一起的地方，有可能充斥著病菌（毒），空氣質素水平可能比其他地方低，會令拾荒者容易感染疾病，一些醫療上的預防，如：口罩、消毒物品、每次工作前後的清潔處理等，這些預防意識都必須要有。同時提供職安健的指導，讓拾荒者能夠意識到自己身體的狀態，懂得在勞動工作時謹慎一點使用力量和姿勢，避免過分勞累加速身體老化。不過若觀察到拾荒者力不從心，或身體情況有任何異樣，就快快勸他們休息多點。

4. 此外除了工作時會受傷，還有的是勞損情況，拾荒者長期在戶外勞動，精神與身體狀態隨著年月磨蝕，會出現很多長期痛症，有可能勞損已很嚴重但卻沒有理會。如果需要提供支援，可提供**物理治療服務**，信義會和拾平台也有提供物理治療服務予拾荒長者，為每位受助者提供一個療程，定期檢查勞損狀況和進行評估，同時物理治療師會教育拾荒者做一些舒緩痛症的運動。**醫療支援**是在服務拾荒者方面一個很重要的跟進部分，因為當中部分拾荒者在工作一段時間便會浮現很多健康問題，必須定時觀察他們的健康狀況。

5. 盜竊問題是拾荒者經常會遇到的事情，幾乎每天都有可能會發生，視乎拾荒者是否能夠經常警惕著身邊的狀況。拾平台曾經為認識的10位拾荒者**提供全球定位防盜器**，並有強力磁鐵可吸在手推車內，在功能和運作上是可行的，而大部分的拾荒者都懂得為防盜器充電，拾平台同事亦同時可以在**手機的軟件上實時監察到**，只是當時留意的是，需要同事多點提醒使用者充電，拾荒者亦未必習慣有個防盜器在身邊，需要多一點落區巡視使用情況。

6. 政府可提供資源讓社福機構進行公眾教育，舉辦多些能夠與拾荒者互動的關懷行動，或一些能夠與拾荒者對話的**真人圖書館館（human library）**活動，讓他們成為社區老師，若我們想去認識拾荒議題，就需要向拾荒者請教，讓市民和商戶了解拾荒者在社區的角色。

7. 提供資源讓民間團體**建立地區「有價回收資料庫」**，登記每個地區的拾荒者和慣常進行回收工作的位置，同時記錄回收鋪位置，讓社區不同的持分者可在網絡軟件上尋找到在附近開工的拾荒者，將回收物交予他們處理，減輕拾荒者遊走社區的勞動和勞損，亦同時可令他們增加收入。

以上的建議分別從服務模式、地區資源、工種轉型、行業協作以及政策推動來建構一個多元又整全的友善回收政策。當然除了這五個層面可以嘗試外，還有很多細節是需要改善的，如之前的文章提及回收空間的問題，以及公職人員執法的問題，這些都是需要正視的，但更重要的是，讓社區大多數人都能夠了解拾荒者的工作，並尊重與認同他們對社區的貢獻。

拾荒者整體收入與使用社會福利情況

根據2023年的拾荒者調查研究中，在整體收入來源方面，有5.6% 的拾荒者有領取綜援，24.3% 的拾荒者有領取長者生活津貼，26.2% 的拾荒者有領取高齡津貼（生果金），23% 的拾荒者有子女供養，16.8% 的拾荒者有拾荒以外的工作收入。

拾荒者整體收入來源

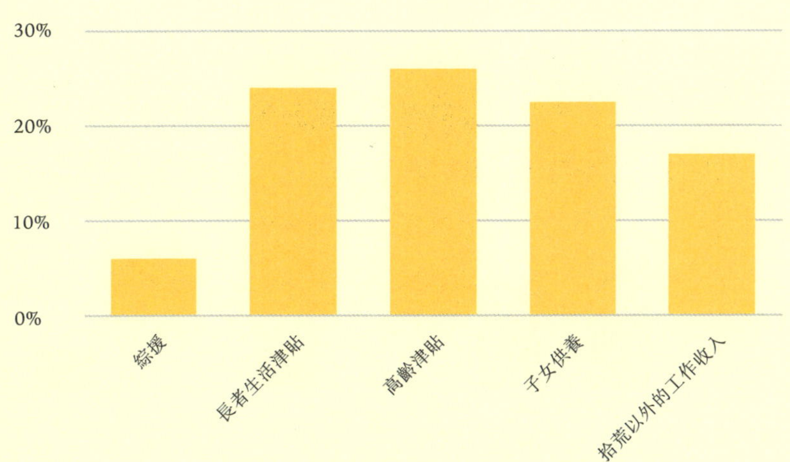

在每月整體收入方面，4.9% 的拾荒者的收入在 $0-$500 之間，17.3% 的拾荒者的收入在 $4,001-$5,000之間，20.4% 的拾荒者的收入在 $10,001 或以上。拾荒者的每月整體收入平均數為 $7,522，中位數為 $6,000。[70]

拾荒者整體收入

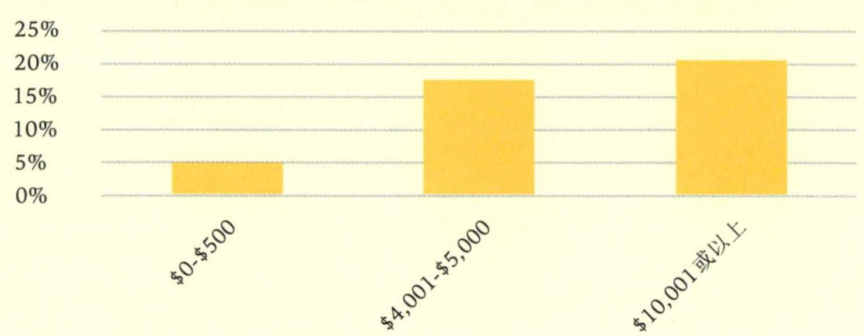

另外可看到拾荒者使用本地其他長者福利的情況，68.6% 的拾荒者使用樂悠卡，56.4% 的拾荒者使用醫療券，7% 的拾荒者使用長者牙科資助，22.4% 的拾荒者使用家居及社區照顧服務（如：送飯服務），1.5% 的拾荒者使用護老者津貼，也有21.6% 的拾荒者表示他們沒有使用其他長者福利。[71]

拾荒者使用本地其他長者福利

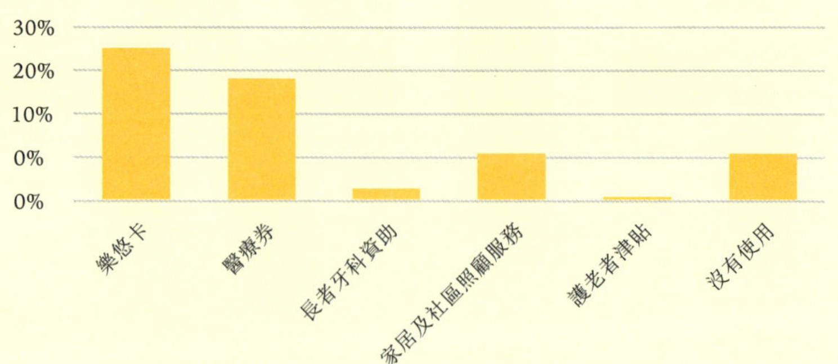

有關於拾荒者參與社區活動的情況，14.3% 的拾荒者會參與社區中心/慈善機構的活動，10.1% 的拾荒者參與宗教團體活動，4.6% 的拾荒者參與議員辦事處的活動，而65.6% 的拾荒者表示他們沒有參與任何的活動。

拾荒者參與社區活動的情況

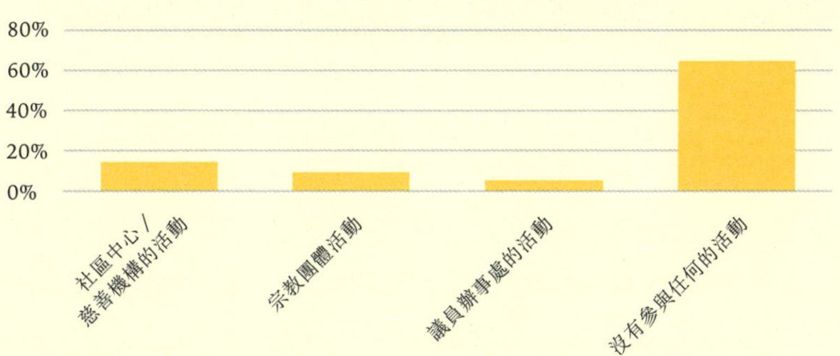

在曾參與哪些活動或服務方面，9% 的拾荒者參與派飯，8.6% 的拾荒者參與小組活動，5.2% 的拾荒者參與興趣班，4.9% 的拾荒者參與旅行，2.7% 的拾荒者參與義診，而 66.7% 的拾荒者表示他們沒有參加過任何活動或服務。[72]

拾荒者曾參與哪些活動/服務

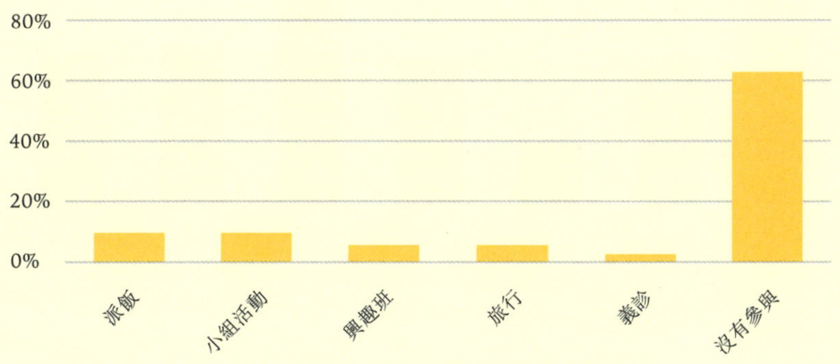

拾荒者對社會和社福機構的期望

拾荒者對社會的建議中，28.8% 的拾荒者建議執法部門放寬阻街執法指引，13.1% 的拾荒者希望政府能成立團體讓拾荒者成為團體成員，27.5% 的拾荒者希望在社區能夠有「回收空間」，49.5% 的拾荒者希望政府增加長者福利保障，30.8% 的拾荒者希望增撥資源予社福機構的長者服務，以支援拾荒者。另外，29.1% 的拾荒者表示他們對政府沒有特別的期望。[73]

拾荒者對社會的期望

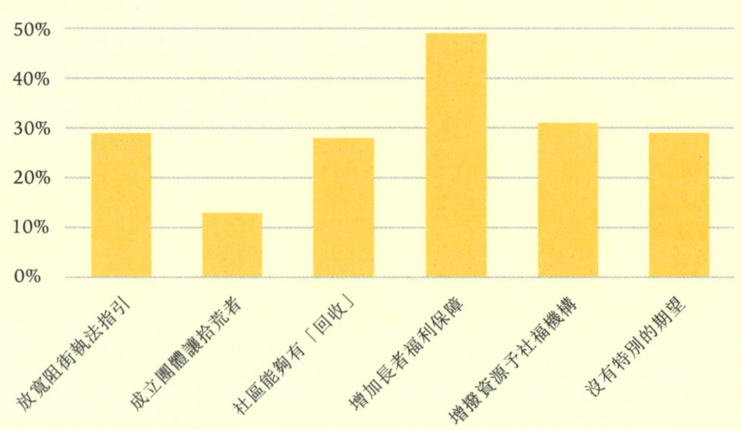

而對社福機構的建議中，28.5% 的拾荒者希望機構設立外展服務，包括有專人探訪，跟進工作與生活困難，23.8% 的拾荒者希望設立互助小組，這是一班同行互相關心，並爭取改善工作待遇的團體。然而，46.5% 的拾荒者表示他們對機構服務沒有特別的期望。[74]

拾荒者對社福機構的期望

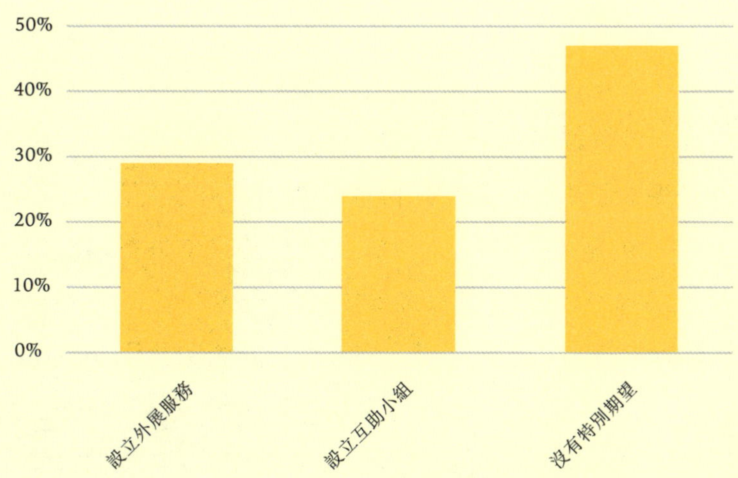

陸雁聲

旺角陸生

做人最緊要正直，係就係、唔係就唔係，冇花冇假。

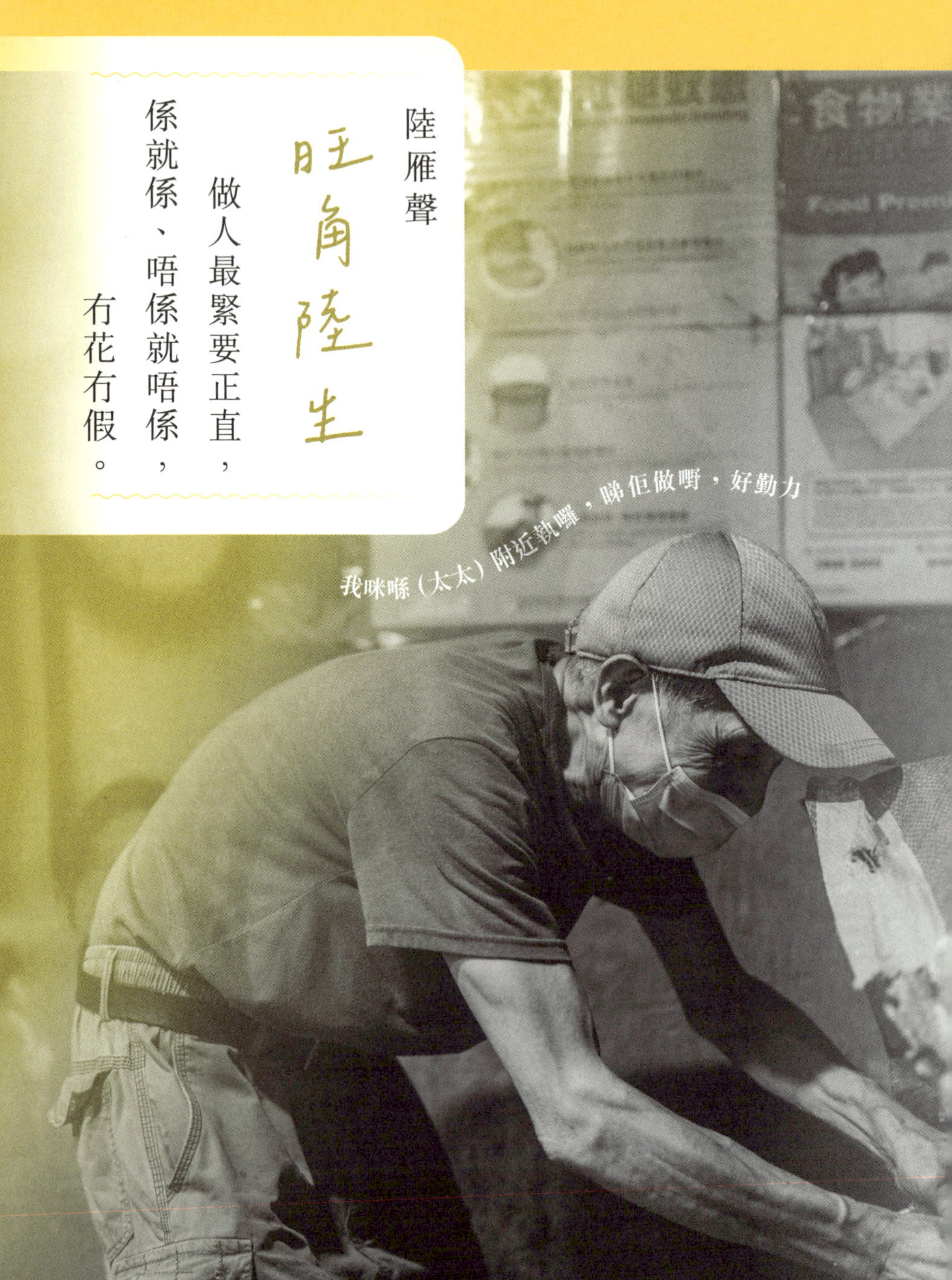

我咪喺（太太）附近執囉，睇佢做嘢，好勤力

與**陸生**約在中午時分碰面，他的「檔口」位於旺角近太子的一條住宅大廈間的巷子入口處。見面時，戴著帽的陸生獨自一人坐在車仔上等候。

陸生其實就住在附近，每天清早簡單吃過早餐後，七時多便從家裡來到他戲稱「站頭」的巷子裡，把前一天大致處理好的紙皮推到亞皆老街的回收鋪賣掉。「都好少話周街撿。經過有咪執。」附近相熟的五金鋪、玩具鋪日間將貨物拆箱後，直接會將紙皮拿到後巷，放在他的車仔上。陸生午餐後稍歇，下午五時多會再次回到他的「站頭」，將紙皮逐個切割摺好。完成時，通常回收鋪已經打烊，他便將處理好的紙皮放在車仔上，留待翌日早上拿去賣，日復一日。

從酒樓「曬仔」做起：做人最緊要正直

中午這段空檔，阿謙和我跟隨這位街坊帶路，在太子隨便找了一家茶樓一起午餐。先來的是一籠熱騰騰的紅棗糕。眼見薑汁與紅棗層層相隔，阿謙大嘆足料。事前知道陸生年輕時曾在酒樓打工，後來更做了老闆，不忘請他品評一下。問他的店當年什麼最拿手，陸生說他的酒家是「炒小菜」那一種，「我哋做開，冇話拿唔拿手，第一最緊要個師傅，第二就樓面」。

年少時從「嘰仔」做起，一直到成為菜館老闆，陸生的奮鬥史折射著許多同代人默默向上游的香港黃金時代寫照。

陸生祖籍佛山三水，父親原於廣州經商，後來國共內戰時，一家人與還在母親腹中未出生的他走難逃到中山小欖，「（我係）小欖仔，最細係我，我排第四。」後來行船走私的父親被海關扣押，全家還懵然傻等他寄來生活費，「嗰時冇『匯錢』，係靠『巡騎馬』專門帶錢返來。我阿媽每次收咗錢，就買定一個月的米。」後來姐姐到香港託親戚向人打聽，才知道出事。父親在深圳坐牢半年後獲釋，因為被「拉人封艇」，財物被悉數充公，舉家輾轉來到香港，落戶九龍城啟德機場附近，從頭開始。

來港不久後，陸生12歲便輟學，「後來大個讀書又難，唔肯讀，冇錢，好多兄弟姐妹。」他記得自己出身時香港人口少，茶樓酒家也不多，找工作並不容易。父親因為認識一家辦館的主管，替他找到「嘰仔」一職。

「以前做酒樓，開十一點，做埋午市，再做晚飯宵夜。」從

「嚫仔」做起，初入行的他一竅不通，「揮芥醬啊，我話阿哥，我啱啱入行做『嚫仔』，乜都唔識，你教我點樣攞？」虛心求教卻被噴得一臉屁，「好慘㗎，話你唔識做咩『嚫仔』啊。如果我識做呢，我就做你個位啦師傅。」小碟上的芥醬，一邊是芥末，一邊是辣椒醬，原來「打」出來要好睇也有技巧。「唔好削，又唔好硬，（不然）你一打落去就塔晒囉。」他看對方示範了一次，馬上「打」得比對方更均勻。誰打得更好，誰說了算？「有得睇嘛。做人最緊要正直，我而家都係，正直。係就係、唔係就唔係，冇花冇假」。

做老闆　切身體會九七前市道蕭條

陸生的成長見證著香港物質日漸豐饒與經濟起飛——他的「嚫仔」年代，甚至連地拖還沒流行起來，只得彎身用地布抹地，說起時沒提及過程有多辛苦，反而笑笑說起行內對這日常工夫的戲稱：「扮蝻蠂」。在那個夜經濟暢旺的年代，他工作的酒樓當年營業至凌晨二時，因為想在夜總會凌晨打烊後「做埋佢哋生意」，「整整下，夜總會開到兩點，（酒樓）個個都收四點。」隨著從「嚫仔」升職到「樓面」，他的收入及每晚分到的貼士也按比例增加了，後來更被老闆調到旗下夜總會工作。他記得收到客人打賞的貼士更多，但麻煩亦多，因為有「惡人」，而且作息日夜顛倒，「夜晚開工，收淩晨，我哋夜總會收四點。宵埋夜，去邊度？電椅、

後來講一聲，
拎來給我，
我好多謝你。
最好呢，
就唔好擺落地，
擺落地，
啲幫辦經過就會話。

十三張啊」，大夥兒下班後不回家，並不因為特別愛消遣，「因為冇車搭，冇通宵巴士，你局住㗎。」陸生亦曾轉職到提供「宿舍」的酒樓，員工們擠在老闆租的細小單位，睡在三層高的碌架床。後來成為工會的會員，交足會費，由工會負責安排住宿。

1980年代初，他獲邀合資「頂手」菜館，先後成為「食得好」、「新亞」及「粵菜軒」三家菜館的老闆。「可能自己行

運，或者有人睇起我，儲咗少少錢，搵我合股」，在處處充滿機遇的黃金年代，雖然百業興旺，陸生倒也不只憑運氣。公認「做嘢有交帶、做妥當」的他，成為老闆後也不曾停歇，而是身兼部長，凡事親力親為。

三家菜館後來卻先後結業，均因時代使然。而時代巨浪翻來，無人能獨善其身，陸生記得九七回歸前夕人心惶惶，「個個驚，個個走啊，啲人搵到錢就走」，「冇夜市，夜總會整整下又冇，小菜館又冇。嗰時九七年前，咩都冇，的士佬又冇，酒吧又冇，周圍都冇生意」。菜館生意轉差，加上租約期滿，倒閉是順勢而為。此時，陸生將長年分隔兩地的太太與兩個兒子從家鄉接來香港定居。

與太太拍住上：「跟佢尾囉，一路做到而家」

「我們做呢行，一來人少，女性又少，個個都掛住搵食，邊有時間拍拖？多數都係返鄉下（娶妻）。」妻子是陸生1970年代一次回鄉時親戚介紹認識的，初來港找工作不容易，沒再當老闆的陸生便與太太一起，到外甥在雅蘭商場的攤位幫忙，初時賣齋菜，後來因生意淡薄，轉賣多年後的今天流行起來的「兩餸飯」，「好好生意，賣18蚊」。

陸太後來應徵豆腐鋪工作，雖然只是當雜工，但常靜靜觀察製豆腐、豆漿的人如何弄。專責的人有天離職，她便自告奮勇，老闆娘看見她對落幾多豆、落幾多石膏粉，全都有所分寸，便同意讓她升職頂替。一做下來便是幾年。

那些年間，陸生開始執紙皮，幫補收入，每天賺到百餘塊已算很不錯，「我咪喺（太太）附近執囉，睇佢做嘢，好勤力」，陸生提起太太，微笑著說。「跟佢尾囉，一路做到而家」，後來太太轉行當清潔工，他也跟著「幫下手」，偶爾為她替班。陸生一般只在早上賣一轉紙皮，下午在「檔口」全力切割整理，太太曾經趁著空檔，偷偷跑過來幫忙把紙皮推去賣，陸生笑著憶述，「我話『你唔好啊，畀人睇到啊』！」

從藥房紙箱、五金鋪生意多寡見證時代變遷

「做呢行，大吉利是講句，得閒死唔得閒病！」無論天氣好壞，陸生也都會到「檔口」睇睇，生病時不得已才會讓太太代勞。二十多年來，他透過藥房紙箱多寡，見證遊客的增減與經濟起落，也推敲出一套有趣的天氣邏輯：「落雨，五金好生意啲啊。」他解釋，每逢打風落雨，電器更易壞，家居水電亦更易犯毛病，要維修自然要光顧五金鋪。

「而家啲嘢都化學喇，你以前買件電器返嚟，起碼都用二、三十年。你買雪櫃、洗衣機、冷氣機，(現在) 乜嘢都快壞，嗰啲日用品都快壞。」見證時代轉變，陸生沒有「我食鹽多過你食米」的驕傲，亦沒沉醉往昔、「以前梗係好啲」的偏執，他總是保持理性、凡事講道理，一如當日那個拿著芥醬有碟話碟的「靚仔」。「咁佢 (電器) 唔快啲壞，啲工人冇咁多嘢做，搵唔到食。」筆者調侃說，「易壞你先有更多

紙皮，不是嗎？」陸生笑笑答道：「咁有好處喔。」

多年來在街上執紙皮，陸生說街坊、店鋪老闆都待他友善。在他以理服人的世界裡，即使曾發現紙皮被偷，跟對方當面理論也就能圓滿解決。「你喺我架車度攞即係偷，你攞喺呢處，我拎咗你得唔得？我捉佢講」。

還是一個能以理服人的世界？

即使默默留守後巷，也被食環署趕得好犀利。陸生知道是旁邊大廈的住客投訴，說閣樓的業主「整咗套房」，共二十個套房，想分流住客，讓他們從後樓梯出入，陸生的「檔口」因此成了阻礙，對方以「那裡是私人地方」為由檢舉。陸生想起依然生氣，「吓？不是吧，私人地方？你買埋的？我冇出聲。」陸生待人依然客客氣氣，「啲住客，你對我唔好，我就唔睬你。我又唔識蠱蠱惑惑，蠱惑害人。」

面對巡查驅趕的幫辦，陸生一板一眼地回應，「我問你需要點樣，你出聲，千祈唔好拿我啲嘢。你叫我搬就搬，你洗地我搬。」他最不服氣的是執法並非一視同仁，「我問點解啲嘢人地攞得，我唔攞得先？」眼見附近有人也隨處擺放雜物，他覺得講不過去，「你叫我清走，點解有啲唔清走，咩理由先？講理由㗎嘛。話邋遢，我問有咩邋遢先？最乾淨我呢度。」為免與食環署人員發生衝突，陸生更特意叮嚀給他紙皮的店鋪老闆、職員，「後來講一聲，拎來給我，我好多謝你。最好呢，就唔好擺落地，擺落地，啲幫辦經過就會話。」紙皮旁邊有時會附帶一、兩袋垃圾，陸生也會幫忙清理掉。

當日所見，「檔口」紙皮悉數賣光，現場地面乾爽，但陸生卻自認處理的過程中「可能纍嫪啲」。他也說自己「係唔啱」，但始終要搵食，「叫我搬，搬去邊度？『搬去對面冷巷吖嘛』，你估住客啊？話搬就搬？」食環處職員不時前來巡查驅趕，陸生現時只能偶爾為之，含混過去，甚或將紙皮逐層搬上唐九樓的家裡暫放。「你趕絕我，有咩好處先？」聲聲吶喊，唯待回應。

與拾荒者同理又同行

記得認識陸生之前，其實是先接觸他的太太，後來晚上看見陸生也在開工，才知道原來他們是一起工作。他們是筆者認識的第一對從事拾荒的夫婦，陸太沒有能力移動重疊疊的紙皮，需要陸生幫手推到回收鋪賣，這就是他們的分工。我嘗試問陸生為何會幫太太手？陸生道：「唔通要佢一個女人仔咁辛苦咩！」，這才認識到陸生很著緊太太、想陪伴她，不想她捱壞身子。這幾年前後認識了好幾對一起進行回收工作的夫婦，他們給我一個很深刻的印象——雙方關係很好、很恩愛，筆者並不是假設執紙皮能夠有助增進感情，而是他們給人的感覺是願意互相伴隨亦彼此需要對方，通常都是太太先開始執紙皮的，丈夫不忍太太獨個兒面對，怕身體勞損弄傷。有位丈夫曾說如果只得太太執紙皮，他們便有可能需要承受其他人的批評，說男人不工作反而要太太拋頭露面，怕別人在背後講閒話。還有社區不同持分者對他們的誤解，說他們個個都很有錢的，假裝貧窮、扮可憐、博別人同情等，其實這些標籤對拾荒者來說很不公平。根據筆者落區多年的觀察，除了基層貧窮的長者從事拾荒工作，也有經濟能力或有子女供養的長者參與，**每一位市民不論貧富也可以有權成為拾荒者**，他們不需要扮慘、扮可憐，並且應該是可以有尊嚴地去做這份工作。

筆者於平日的落區探訪和教育工作中，希望能夠透過行動和研究，破除人們對拾荒者的污名化與標籤，或解答他們對拾荒者的誤解和疑問，始終我們是需要進入拾荒者的世界和心理狀況，才能了解他們的想法。這些得來不易的觀察和經驗，期望讓有興趣認識拾荒議題的，或想服務拾荒群體的，都可以有一些心態與方法的參考，以下是一些認識拾荒者心態的例子，和一些較派發物資更實際的支援與同行。這些心態與行動看來是微不足道，卻是一群拾荒者真實呈現的狀態與需要，對於持續關注這個群體有很大的幫助。

不認老的拾荒者

步入晚年，面容和身體定會逐漸有少許變化，有幾位街坊曾經與筆者分享，**雖然老態盡現，但自問還很有魄力，記**

性又很好，心裡面還有很多事情想做，外表雖然變化，內裡還是年輕。我們人類老化的過程中像是外表已變成了另一個模樣，但心底裡還是停留在一個處於最佳狀態的自己，[75]所以會認為自己還可以成就很多事情。記得有次一位街坊拿著一把清潔用掃把替代拐杖使用，當筆者見到時已經很緊張，因為街坊工作的後巷地面濕滑，一不小心就會被滿布青苔的坑渠蓋「跣親」，她還要拿著一把不穩陣的掃把當作拐杖，有可能令到發生意外的機會增加。筆者慌忙地叫她不要這樣做，因為掃把沒有一個堅實的支點支撐他們的步伐。問街坊為何不用拐杖支撐身體，這樣會安全得多，街坊很坦白告訴筆者因為她不想「認老」，不想承認自己需要去到要用拐杖的地步。

街坊的坦白讓我頓時感到很慚愧，我竟然沒有意識到平日活潑健談的街坊，是不想面對自己行動不便、需要用拐杖行路的狀況。而且他們對身處的社區、街坊對自己的目光如何也十分敏感。有可能是面子的問題，也有可能是懼怕面對年老的事實。筆者慚愧的代入他們的處境去想，因為筆者本身是一名患有髖關節骨枯的長期病患者，明白到不想使用拐杖的掙扎，也盡可能不想使用輔助走路的康健設備，希望別人不要向自己投以奇怪的目光，亦可能如長者不想認老一樣，不想承認自己已經行動不便。

不退休的拾荒者

筆者曾向每位認識的拾荒者問過一條問題：「你們會做到何時才退下來？」他們的回覆都是「做到身體不能再做就退下」，又或「做到死的那一天吧！」等這些極端的答案。其實都不難理解，大部分拾荒者均是來自基層群體，或人生大多數都處於「捱生捱死」的階段，不會像精英階層的生活般可以規劃晚年退休生活，儲蓄也不足以在無業狀態下生活。即使有申請所有合乎資格的社會福利，都無法讓他們有那種晚年享福的安全感，又或習慣了所謂的「辛苦命」，以前也是辛辛苦苦的養起整個家庭，這種「擔起頭家」的感覺令他們倍感自豪。

他們不願意停下來的另一個理由，是不想晚年生活成為子女的負擔，筆者認識部分拾荒者是有兒有女的，子女亦會間中來探訪他們，但通常他們都會認為子女有自己的家庭負擔，如果自己有收入就不用子女操心。大部分拾荒者都有領取社會福利，以高齡和長者生活津貼為主，這兩種福利是政府專為長者而設的，令拾荒者申請社會福利的感覺上良好一點，沒有綜援那麼負面。在我們認識的街坊中亦有子女供養的拾荒者，但不代表有提供金錢支援生活，有可能只是同住一個單位，子女未必有能力在生活開支方面照顧到長者。同時亦有部分長者會有額外工作，通常從事清潔工友或餐廳洗碗工等。

當我們每一次外展探訪拾荒者時，也會對他們的狀況進行評估，有時看見一些街坊的身體狀況轉差，或退化的情況開始出現，同事都會試口風，問他們會何時退休不做，他們十個人中有十個都會跟你說：「做到做唔到為止囉！」似乎未能夠找到一位拾荒者有好好的退休計劃。他們只能夠在回收工作中得到在社會的存在感、微薄收入帶來的成就感，就這樣在晚年階段損耗身體，過度勞役心神，換來一副殘破的軀殼。不過這始終屬於街坊們的選擇，我們不能夠強行改變他們的意願，唯有在他們的旁邊提點，提供物理治療和中醫骨傷痛症的服務，盡能力協助他們預防和評估身體變化的狀況，與他們的健康同行。

不消費的拾荒者

我們的社會提倡高水平的生活質素、以消費為主導的的生活模式，但退休長者的生產力下降、收入減少，即使有申請福利，再加上拾荒的工作，也只能夠維持基本生活。有儲蓄習慣的長者眼見存摺的數字不斷減少，能夠正常生活已成為一大壓力難題。這時唯一的解決方法，就是減低生活上不必要的開支，除了日常衣食住行的基本開支外，所有消費都盡量可免則免，社交活動也會減少參與。但最奇怪的是社會又經常鼓勵長者參與多點消費活動，一起刺激地區經濟。若果這些「參與」只聚焦於消費，那麼參與的都只是屬於擁有生活條件良好的中上階層，對於一群節衣縮食的拾荒者來說，就變成了經濟排除（exclusion），被排除於主流社會的生活節奏，同時也被排除於大部分的社交群體外，形成一種與群體的失聯（disconnected），很多隱蔽長者的群體有可能是這樣演變而成。

雖然主流社會的生活水平或會導致拾荒者與社區失聯，但幸好政府也鼓勵我們推動「老有所依、老有所養和老有所為」，**鼓勵長者參與多點社區活動，不要呆在家中或只埋首工作，期望他們透過參與群體活動連結不同的持分者**，未嘗不是一個好方法。據研究報告指出，只有很少部分拾荒者會參與社區活動，但參與慈善機構的社區中心、教會團體、區議員辦事處的活動等則較多。而大部分拾荒者不參與社區活動的原因，有可能關於拾荒工作的時間過長，未有空間參與其他的社交活動，至於有參與社區活動的拾荒者都屬於少數，個人經驗認為這有可能是機構團體雖然有舉辦社區活動，但未有經常持續地進行外展探訪他們有關，因為與拾荒者建立一個持續而有深度的關係是重要的，服務拾荒者群體沒有任何的形式方法比建立關係更加重要。

另外曾參與社區活動或服務方面，大部分拾荒者都沒有參與社區活動。只有很少部分拾荒者曾參與派飯活動、團體小組活動、興趣班、團體旅行和義診等社區活動，[76]這也可反映社福機構仍有很大的空間構思方法如何進入拾荒群體，設計一些適合他們的服務形式。社區活動的確是一個很好的渠道讓拾荒者既不需要參與高度消費的情況下連結社區，更有社區工作者能夠跟進他們在生活上遇到的困難與需要。至於拾荒群體亦透過研究調查告訴大家，他們期待社福機構能夠設立外展服務進行探訪、支援他們的生活困難，並設立互助小組，爭取改善工作待遇。[77]

日常工作除了觀察他們的想法和心態，更實際的是支援拾荒者生活中的二三事。探訪是建立「關係」的橋樑，跟進需要的是建立「信任」，關係與信任是外展探訪不可或缺的元素，以下是筆者經常落區支援拾荒者時會做的事情，鼓勵有興趣認識和關心拾荒者的你，落區探訪時可用作參考：

當拾荒者正在處理回收物時

要提醒拾荒者擺放回收物的位置，盡量放在手推車上，即使回收物數量太多，需要暫時擺放在地上，都要盡快整理

好，避免食環署會檢控街坊亂拋垃圾的罪名。由於食環署管理的範疇為行人道上的空間，有車輪的手推車是可移動的物件，不在食環署的管轄範圍。但若拾荒者工作的位置明顯阻礙清潔工友工作，或阻礙行人通道時，食環署都會將手推車清走。所以拾荒者若收到食環署的清場通知，就需要盡快將自身的財物移走，待清潔完結後才返回原地繼續回收分類工作。

拾荒者停泊回收車在行人道上（暫時性的）

拾荒者每當擺放或停泊回收車在行人道上，需要大概記錄擺放物品的時間，假設拾荒者下午一點停泊回收車在街道上，食環署職員在下午兩點巡查時見到街坊的回收車，會發出一張移走障礙物通知書（俗稱：黃紙），貼在回收車當眼的位置，待四小時過去（即晚上六點後），倘若食環署職員再巡查時仍見到回收車沒有移走，他們就會將物品移走和充公（移走障礙物通知將會由四小時縮短至三十分鐘內）。

曾有一位拾荒者停泊回收車在行人道的欄杆後，她心裡記著擺放的時間，然後往其他街道拿紙皮回來整理，轉過頭來竟然被食環署剪爛鎖鏈和沒收了回收車。但因為她清楚了解食環署的執法指引，知道他們未夠四小時的寬限時間行動，便據理力爭與食環署職員理論，食環署職員亦承認沒有按程序沒收了回收車並向街坊致歉，亦賠償了一個鎖頭給她。[78]此事代表讓拾荒者掌握和懂得更多保障自己的資訊是重要的，有助他們可首先知道要對自身工作行為謹慎、避免影響別人，而在社區需要互相配合和遷就，當面對不公平的對待時可進行回應或尋找支援。

拾荒者被食環職員沒收了回收車

若拾荒者被沒收回收車和車上的財物，可以向食環署取回嗎？機會不大，但亦可嘗試。假設知道街坊在今天被沒收了回收車，她告訴你有財物（包括金錢）在車上需要取回，你需要告訴她要在14天內向食環署提出取回財物的要求。食環署會約見拾荒者錄取口供，證明回收車屬於街坊的，然後會發出罰款告票，要街坊排期上庭審訊，當判案後便需要繳交罰款，現時定額罰款將會提升至為 $3,000以上。

曾有拾荒者將部分回收車停泊在後巷，然後前往對面街口處理回收工作，轉過頭在很短的時間內就被食環沒收了回收車。由於食環署職員在未有通知街坊的情況下清場，街坊趕不及時間回到後巷移動物品，但若在有通知的情況下，街坊絕對有足夠時間避免清場。有探訪拾荒者的義工替街坊抱不平，協助她電郵寫信給該區的潔淨組，解釋整個沒收過程對拾荒者不公平，希望食環職員運用酌情權，讓街坊可拿回回收車和財物，最後食環署職員准許街坊可以拿回自己的物品。[79]但這種支援通常只能用於拾荒者初次被充公的情況，食環署通常都會告訴拾荒者下不為例的。

拾荒者遇上交通意外

平時探訪時可持續提醒拾荒者工作時要**留意周圍的交通狀況，推手推車時不要緊貼車輛**；盡量不要在行車道路的邊緣位置進行回收分類，因為被車輛擦過手推車和回收物的機會很高；需要從交通燈的班馬線範圍過馬路，盡量不要在側邊停泊的車與車之間行過，以免增加被車撞倒風險。

另外可派發由街道變革和拾平台合作設計的單張，一張專門給司機留意街上拾荒者的單張—**「睇拾啲」**。同時亦設計了一張提醒拾荒者需要注意道路安全的單張—**「睇車」**。雙方都有責任要保持警惕。（見圖）

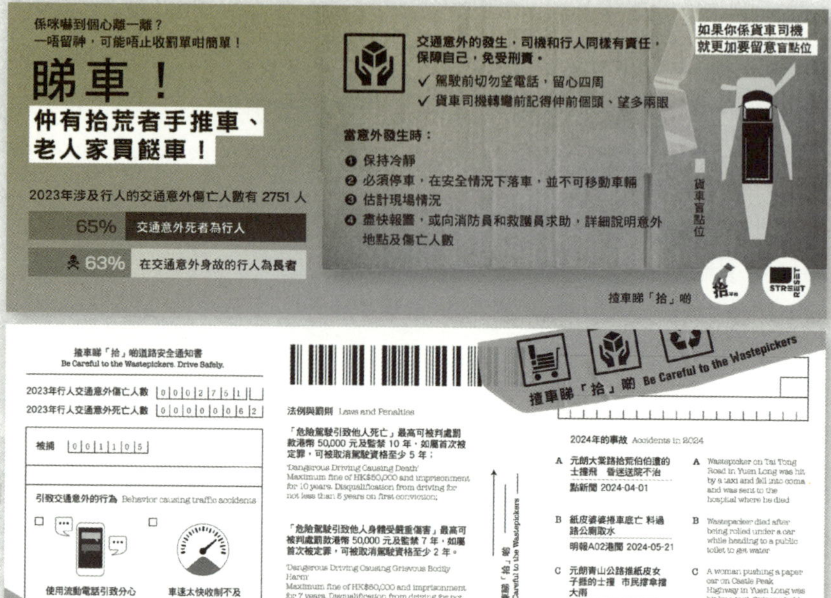

「睇拾啲」——專門給司機留意街上拾荒者的單張

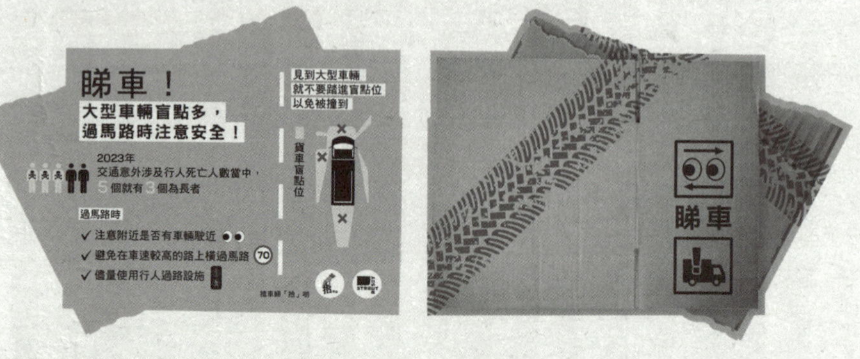

「睇車」——提醒拾荒者需要注意道路安全的單張

倘若你認識的拾荒者碰巧遇上交通意外，一定要提醒街坊第一時間報警落案求助，不要私下與車主賠錢了事，因為拾荒者未必了解自身的傷勢，需要到醫院驗傷並拿取受傷證明。當報警後警察便會將車主落案，拾荒者要決定是否控告車主不小心駕駛，若選擇不提告，警察便不會落案跟進，若然提告就會開始展開法律程序。警察會約見街坊到警署落口供，排期要車主上庭認罪罰款。如拾荒者在過程中有財物或身體創傷，要求賠償，必須要等車主上庭認罪後才可聘請律師跟進，律師費會包括在索償的汽車保險中，申索過程漫長而繁複、需要簽署很多授權律師的信件，還需要申請拿取醫療報告等。[80]

拾荒者工作的位置有路面凹陷的情況

建立一個安全而友善的工作空間給拾荒者是必須的，而他們工作的地方（如後巷或行人道）經常都會出現路面損毀或凹陷的情況，又或附近的渠喉爆裂，湧出污水等。**對拾荒者來說這些不是意外，而是可預防的**，只是他們不懂得可從哪些途徑尋求援助。我們可以協助他們在網上匯報予路政署或渠務署，進入「查詢及投訴」頁面並選擇「道路損毀或欠妥報告」，以電子表格反映情況，又或致電29264111向署方投訴。[81]

無論是為了弱勢發聲，或倡議工作，最重要的是與持分者建立關係，我們能夠認識拾荒者的處境和了解他們的需要，全都是在拾荒者身上學習到的，他們才是這個議題的主角。雖然他們與社區和回收業有著密不可分的關係，但拾荒始終離不開拾荒者自身的選擇和參與，他們在處境中是被動的，是無力的，社區工作者的角色，除了正面地讓更多人認識拾荒者外，更重要的是改善他們的處境，和他們持續同行。即使我們需要研究這個現象，也不要忽略拾荒者的工作和生活。**不只是要幫助他們解決問題，還要和他們一起面對處境的轉變，讓他們有能力繼續去走這條有尊嚴的窄路。**

第二部分

「拾義之城」：

我城十二種看拾荒者的視野

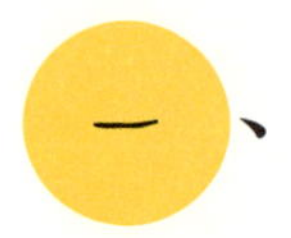

一、社會第四權力角度

「由現象到真象，拾平台這五年做什麼？」

吳卓恆 | 傳媒人

執紙皮並不是新事物，也不是「新」社會議題，過去廿幾年不少長者在街上從事回收工作，當中不少都是基層長者、居住在各種不適切的住屋裡面。

拾荒群體在過去的形象，與社會上其他弱勢群體綑綁在一起。大約十年前開始，社會有人自發組織「平等分享行動」，鼓勵市民主動向街道上所見的弱勢者伸出援手，無論大家對行動的理解如何，但的確更多人通過不同方向走進了關心社會弱勢的運動中。

媒體（尤其是比較新晉的記者）往往會以一種煽情手段報導弱勢者處境，例如在一宗被食環署職員沒收謀生工具的事件中、放大了事主的家庭背景和居住情況，例如家人分居、居於劏房等，這些手法可以在短時間內帶來大量點擊流量，亦可以引起極多對執法人員不滿的留言。

當然，只要媒體沒有用謊言去誇大事件，其實也沒有做什麼錯事。報導出街後，事主可能會在街上受到不少目光關注，協助事主的團體也可能會收到大量查詢，亦可能一時三刻會收到不少援助和支持。但當一宗、兩宗、三宗事件上演，相似的情節不斷發生，執法人員不一定會受網上輿論壓力而影響，這些不斷接踵而來的情緒式報導，會越來越令讀者感到疲勞、繼而麻木。由於種種議題包括拾荒都已經被「寫到爛」，大家對群體的關注流於情緒本身，當發生更嚴重的事件時，社會的動員力都越來越低下。

所以對於團體或關注者來講，要擺脱流於表面的關注，就需要將議題連結公眾自身。在過往媒體和大眾雖然知道拾荒作為一種「現象」，但比較少了解到其「內容」。2018年，拾平台發布了一項調查，發現拾荒群體至少承擔起全港至少20%紙皮回收量，而群體當中超過40%年過70歲、超過3%達90歲以上。另外調查亦統計了群體的平均月薪及子女供養比例，市民大眾才開始具體化地了解拾荒者的真象。

當時筆者以《基進報導》身分為這場記者會提供完整Facebook直播，同時以類似zoom形式一邊影記者會、一邊播放簡報，以當時技術而言算是先進了。但記者會留下的記錄最重要的影響，是令到日後傳媒在報導拾荒群體時，有更精準的數據形容及理解拾荒這處境，除了更容易讓大眾明白之外，更將議題帶入下一個「真象」階段。

過往民間對拾荒群體的認知停留於「現象」：了解社會出現這情況，但對內容及詳細情節一無所知；自2012年起，接連發生不少地攤小販、拾荒者的貨物及謀生工具被食環署人員充公事件。由於網絡技術日漸成熟，這些畫面通過Facebook及YouTube快速地傳播開去，甚至在有些時候出事不夠兩三小時，整個網絡都流傳著相關片段。這些傳播雖然無法完全說明每件事的來龍去脈，不過亦很容易引起電腦前的網民憤怒。

與此同時，民間及院校的關心社會的風氣熱烈，因此對於拾荒群體的觀察與描述亦越來越仔細，傳播時不能再停留於「執紙皮好慘」、「老人家被執法人員欺負」等片面形容。到底為什麼大量長者需要在街上以拾荒維生？反映的問題不只是安老及退休政策，同時也牽涉到環保、回收政策、街道設計等不同面向。

雖然現時香港的新聞業又開始轉向衰落，不過對於事件背景、以及事件背後延伸報導的習慣早已形成。一個社會議題不可能無時無刻都受到社會關注，但在鎂光燈之外，組織者及人本工作，亦需要持續地收集個案及整理數據，待再次受到關注時，引導媒體及媒體的受眾關注議題更多的細節位。

筆者回應

恆仔是當年《基進報導》的創辦人之一，《基進》的採編方向一直都是集中在本地邊緣群體議題上，期望提高公眾層面對這類議題的認知和普及性，以帶來討論。至少在傳媒生態層面，我們都認識到《基進》的報導是有深度的，是細緻的，不希望公眾對弱勢的遺忘。正因為有《基進》等關注勞工階層的組織，時常提醒我們傳遞勞工權益資訊不是賣慘，更不是窮人鬥慘，不要演繹得像粵語長片般苦情，而要呈現到拾荒者的獨特性、自主性、生活和工作得有尊嚴。

無可否認，倡議的工作是艱難又漫長的，除了進行研究，提供建議和解決方案給施政者外，在社會的權力關係板塊中，公眾認知層面的倡議實在不容忽視，而能夠讓公眾更掌握所倡議的議題，傳媒報導的力量就必須要好好把握運用。就好像近期在社會熱烈討論的「垃圾徵費政策」，垃圾徵費原是要推動港人建立環保回收的生活習慣，卻因為「垃圾」扣連了「回收」行為，原本不被主流討論的「拾荒者」也被炒得熱哄哄，本來不知道拾荒者所作的是「回收」的人也突然明白了。然而社會的討論只能夠徘徊在政策推行下拾荒者需面對的影響，卻未能進一步對此勞動群體作深入的了解。

適逢政策推行期間，拾平台舉辦了有關拾荒議題的展覽。展覽以「彎腰」體驗為重點，需要觀眾彎腰觀賞攝影作品，同步體驗拾荒者日常勞動的重量，吸引了不少傳媒前來採訪。由於傳媒朋友需要在垃圾徵費的思想框架以外重新書寫拾荒者，結果又帶給了公眾更多的角度去認識他們。

平台認為公眾教育也是倡議工作的一部分，因為我們需有心理準備倡議的對象（如：政府或行政機關等）要進行隨時十多年的遊說建議，而這種向內部權力的發聲並不是一時三刻可達到目標。所以公眾教育正是一種由外部權力展開思考討論的醞釀，可讓更多人理解拾荒群體的處境、掌握議題的深度，甚至用不同方式參與與拾荒有關的議題，都是倡議力量的累積。未來在拾荒議題的倡議上，我們除了聚焦在拾荒的「人」的身上，更需要重新思考建構環保回收整個系統的問題上，垃圾處理與回收系統的連結，能夠與回收勞動者產生怎樣的化學作用，我們如何從拾荒者的回收先鋒角色，去反思每一個人對建立回收生活的實踐與意義。

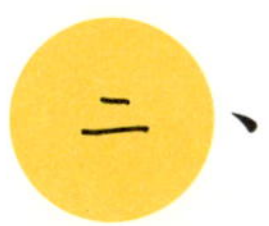

二、清潔執法角度

「難演的反派」

李美笑 ｜ 香港食物環境衞生署職工權益工會副主席

「有拾荒者就等於有投訴。」所以，大多數食環署潔淨組的同事都很怕在管轄範圍內遇上拾荒者，但偏偏每一區都「總有一個喺左近」。同事對拾荒者的觀感多是同情中帶點無奈，亦會有討厭和愛恨交纏的感覺。

食環署潔淨組職責是維持街道清潔，因拾荒者大多老弱，故食環署同事執行拾荒者投訴的相關職務時，公眾多以欺壓老弱和不近人情的角度作出批評。不同立場的聲音對前線執法同事來説都構成壓力。如何做到法、理、情兼備真的難為了前線同事，而筆者在過往的經驗中遇過兩個有趣的狀況有以下的處理手法：

有個週日，潔淨組同事收到物管投訴，要清理鎖在新都城商場外圍欄的雜物，巡查時見到有三部手推車，立即貼上黃紙通知物主移走，到黃昏前往覆檢時只餘一架新的細手推車仍在，即時撿走入倉。週一下午，一個老婦來到寶康垃圾站，說被食環署剪了車仔，想來認領，我們告訴她，若要認領，先要收告票承認違反衛生條例，她驚聞要罰1,500元便哭喪著臉地說：「邊有咁多錢罰？」買車仔已經用去了700元，和兒子一家住在寶琳公屋，一家五口只靠阿仔一人賺錢，他學識少賺錢又不多，做母親的就是為幫補家計才學人執紙皮，每日執到十元八塊飲茶錢，怎知未夠一個星期就被食環沒收了，老婦淚流滿面哀求發還車仔給她。大家都很同情她，奈何沒收入倉的物品已屬於政府財物，落了倉簿又有了記錄，職員不能擅自發還，否則會有盜用政府財物之嫌。拒絕她後仍不停啼哭，同事就和外判商管工商量，有沒有可用得著的舊車仔送給婆婆，讓她有車仔執紙皮？外判管工欣然同意，將一部舊車仔送給婆婆，同事還教她不要將車仔亂放公眾地方，執了紙皮要立即放在車上，不要散落在地上疊紙皮和淋水，當疊滿一車後就盡快賣走才再執，只要不妨礙他人就沒有人投訴的了，而食環亦無需執法。婆婆點頭稱謝，破涕為笑地推走那架車！在場各人都心安理得，祝福婆婆自律，不要再違規！

另外一次，是筆者於年初四收到熱線投訴，指景林邨的山邊有大量紙皮堆積多日，無人清理怕惹老鼠甲甴，需要我們立即行動。巡查後見邨內掘頭巷有半車（手推車）紙皮堆積，便立即通知外判商派車清走。當清到一半時，之前送車仔給她的婆婆又再出現，説紙皮是屬於她的，想爬上車取回紙皮，清潔工友立即阻止她的危險舉動。她大呼無奈因為過年沒有車收紙皮返回大陸，年卅晚扔出來的紙皮又特別多，所以才暫存掘頭巷內、沒有阻礙任何人。同事表示現在是食環給人投訴沒做事兒呀！大家都不想將賣得的紙皮送去堆填區當廢物。食環職員問「收紙車幾時開始復工，可否立刻召車送到回收鋪？」婆婆回覆自己也不太清楚，但最快都要初七之後。試問廢紙又怎能存放公眾地方一星期都不理會呢？這樣便無法向投訴人交代，故此一定要清走，但理解到執走婆婆積存的紙皮會損失慘重，見她聲淚俱下求情，途人見到亦會指責食環欺壓老弱和不近人情，新春佳節又怎忍心見白髮泣涕漣漣！同事從口袋裡拿出一封大利是送給婆婆，並説就當紙皮送給他，回家去吧！婆婆知道自己無法搬走紙皮，唯有收下利是無奈的離開。有人批評這同事用金錢完成工作於理不合，我也取笑他帶錢打工，但心裡很欣賞他情理兼備，靈活執法。

執紙皮並非一般人印象的是耆老拾荒糊口那麼簡單，執紙皮引致環境衛生問題的投訴往往緣起在本地寸金尺土的高地價政策。商鋪租金高昂、租金逐尺計，商鋪有一尺地方都盡量擺貨而不會放拆貨紙皮。小商戶見有阿婆執紙皮，就借「送紙皮給她」為由，將拆貨紙皮直接扔出街便算，美其名是幫阿婆，實質當阿婆是免費清潔工。當阿婆無法盡速執走，散滿街的紙皮就阻礙行人，阿婆做了替死鬼。

在旺角曾處理一宗投訴指一堆紙皮阻礙了泊車位，巡查時只見一老婦在車位疊紙皮，我立即上前查問為何佔用車位疊紙皮？請她立即執走離開。婆婆說是車位對面的7-11扔出來，我立即上前警告商戶勿再將紙皮扔出街，若被見到會票控垃圾蟲。若真心留紙給婆婆，就應暫存鋪內，待婆婆來時放上她的車仔上而不是扔出街就算。

在葵芳智芳街也有類似的情況，幾間商鋪的廢紙都堆出了行人路，阻街情況更為嚴重，唯一不同的是有些商鋪已雇用清潔工處理，清潔工便貪方便將所有紙皮留下給拾荒婆婆，但這婆婆被揭發有樓收租，不愁生活。問她為何仍然執紙皮為生，她說因生活無聊、不想浪費有價值的廢紙，就算她不去做也有第二位去做，同時也不想自己的地盤被人侵佔。在區議員和團體協助下，食環已容許放鐵籠車暫放紙皮，亦勸喻了婆婆紙皮要在車仔上處理、不要在地上分揀，更不要「發水」（浸濕紙皮以增加重量）弄污公眾地方，並每日派車定時洗街，以回應長期受影響的街坊。

鰂魚涌舊街市紙皮阻街情況更嚴重，事緣有清潔公司包攬商鋪清潔，雇用拾荒者收集紙皮，安排回收車每日運走，雙重獲利。個別拾荒者在檢控行動中有時就成為代罪羔羊。

一般人的印象總是覺得食環署人員恃強凌弱，欺壓拾荒者。但有沒有想過拾荒者會襲擊執法者呢？經驗中有兩位有拾荒和病態囤積的婆婆，會仇視清理她財產（垃圾雜物）的潔淨組同事，一見清潔工友來清理就會臭罵、吐口水和搶奪垃圾廢紙，甚至用垃圾襲擊工友，筆者的制服也曾被扯爛，需要報警求助。清潔工都很怕接觸她但不能沒有行動，因為婆婆實在弄得街道很污糟，經常被市民投訴！為了幫助她，事後還需要轉介給社會福利署，但社工們都沒有她的辦法。曾經試過找承辦商聘請紙皮婆婆做清潔工，但做不過三天就辭職了，因為她覺得很困身沒有自由。

食環署同事普遍都認同執紙皮令廢紙再重用是環保的行為；對某些貧困長者來說，拾荒是補助安老津貼的不足，可自力更新的行為；對於一些有資產的拾荒者而言，執紙皮是填補心靈空虛的精神寄託行為。當然亦常有爭地盤的商業糾紛等這些複雜的問題。但只要不阻塞通道弄污環境，前線同事都認同他們的存在價值，不會主動檢控。

試過紙價跌到7毫一公斤時沒人執紙，垃圾站內廢紙堆積如山，可重用的紙皮全都要送到堆填區，令工作量大增；紙價貴時，無論回收箱和廢紙箱都一紙難尋。可見拾荒者確是環保先鋒，有他們的社會價值！拾荒既是環保的一環，政府理應制訂一些措施協助她們。何況拾荒者多年事老邁，退休後仍是要憂柴憂米，或生活苦悶要執紙維生，亦反映了退休保障的不足。

政府做垃圾分類後，必須要發展綠色工業，轉廢為能。我接觸清潔行業多年，觀察到最佳解決垃圾的方法是賦予它們重用的價值。政府現有的環保政策只是推動環保組織或倚靠外判商去做，廢紙回收大部分都是靠出口轉運，本地卻缺乏出路故成效不彰。香港地少人多、人口密集，回收交通成本低，發展綠色工業有絕對的優勢。現有組營的流動回收車很適合土地珍貴的香港，各區都應增設回收車的車位，並提供資源給回收商。另外公眾垃圾站也應該實行垃圾分類，若政府能積極地支持綠色工業令垃圾變商機，必定能促進本港經濟發展。我們所演的反派角色，也許都有機會獲得掌聲！

筆者回應

起初認識美笑的時候，知道她一直擔任清潔工會的副主席，心裡都會不其然產生了一份敵意，認為她對拾荒者應該都是沒有什麼好感的。但估不到和她討論拾荒者處境時，她的觀點卻多了一份認同和體諒。筆者認同雖然清潔工友和拾荒者只是在身分角色上存在差異，但兩者在整個廢物回收的系統中其實是一體的，無論是清潔工友工作時與拾荒者所產生的衝突，或食環署職員需要向拾荒者進行驅趕票控，都是因為在本地廢物處理的管理制度中，欠缺對民間回收生態的思考，對拾荒長者在回收業界所帶來的貢獻視而不見，以及對從事拾荒工作以長者比例最多的問題所忽視。

理性上我們要遵守應該需要遵守的法例，要執行需要執行的執法指引，並要保持應該要保持的衛生潔淨。但我們沒有再思考一群60歲以上的長者對本地回收工作的負擔、回收業少有對拾荒者的關注和支援，以及長者勞動權益的被忽視，有時筆者都會問自己：「究竟呢班長者欠咗我哋啲咩，竟然冇人理佢哋？」拾荒群體確實需要被社會關注。

清潔工友和拾荒者，同樣是本地勞動市場的邊緣群體，他們都面對同一個問題——被邊緣化。這些被邊緣化的人卻肩負著這城市內大部分的廢物回收處理，當我們忽視他們的權利時，同樣我們也忽視了廢物回收管理對我們生活的重要性，實際點來說：「沒有了他們，我們的生活會變得混亂，我們生活不到。」

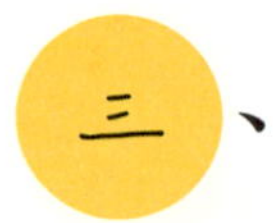

三、性別勞動角度

「誰拖欠了拾荒者的勞動？」

梁芷茵 ｜ 香港婦女勞工協會組織幹事

拾荒者多為年長女性？

根據拾荒者福祉關注組於2023年進行的調查報告顯示，拾荒群體多是60歲以上長者，當中八成為女性。[82]性別職業分隔在香港尤其基層中仍然嚴重。清潔、飲食、零售等工資相對較低、低技術要求的工種均主要以女性為主。傳統上，社會普遍要求女性有更多家庭照顧責任，因此即使投入正規勞動市場都以低薪、零散工作為主。此類工作對技術、學歷的要求較低，同時較少競爭、以及較低的升遷機會。低收入已婚女性或照顧者於婚後相較於男性，更有可能會暫時或永久離開勞動人口。因此，當低收入且教育水平較低的女性選擇重投勞動市場時，通常只可以選擇3D的工作（危險

〔Dangerous〕、困難〔Difficult〕、噁心〔Disgusting〕）。女性及照顧者在選擇工作時亦會傾向環境較熟悉的地方，如街市、商店等，當正式勞動市場未能吸納他們時，投身拾荒行業便成為他們其一的選擇。

拾荒作為一份工作？

在香港過去長久運作的回收系統中，拾荒者就是其中一塊齒輪。他們將可回收物在成為垃圾之前撿拾出來，整理後交到回收店，回收商再將其打包轉售出口。回收業發展倚靠拾荒者帶動，然而，拾荒者在其中只收取按回收物重量或數量計算的金額。事實上，拾荒者不單是長者貧窮人口，更是在職貧窮人口中極受剝削的勞動人口。拾荒者的「勞動力」得不到回報，政府所重視的回收工業從來由上而下，漠視最低層的勞動者。

回收的第一環亦是關鍵的一環，就是將棄置物由垃圾變成可回收物。此過程需要人手處理，長年擔當這個角色的是拾荒者和清潔工。清潔工乘工作之便，方便獲取工具處理棄置物，亦有手推車作運送、垃圾房空間作儲存，較容易在垃圾中分揀出可回收物交予回收商，成為低收入的「下欄」補貼。與清潔工不同，拾荒者是專職，工作成本包括工具、手推車等需自行承擔，並長時間守候在某垃圾點、店鋪，或巡視街角，隨時機警地接收人們棄置的垃圾。

撿拾物料、收集、拆件、分類、整理或清洗，再將有剩餘價值的物資運送到回收店。一個人完成回收前期的工作，每個工序的勞動強度都很大。過程中，需要氣力、工具、時間，同時需要尋找儲存地點，甚或需要人際技巧，與店主打好關係，以獲得更多廢料。回收物料有市場價值，但一眾拾荒回收者的系統勞動卻不被確認、不被看見，而是被隱藏、被抹去、被貶低，甚或被驅趕。

拾荒者為政府回收政策「埋單」？

現時物料回收價就是拾荒者的「人工」。政府於2020年推出全港廢紙收集及回收服務。外判承辦商從全港街角回收店、流動回收車等收集廢紙，包括紙皮、報紙和辦公室用紙。在進行篩選、分揀及打包等工序後，廢紙被運送到各地循環再造成紙製品，轉廢為材。[83]這些外判商的各個回收工序都有政府資助及支援。外判商的勞動付出被肯定，合約容許利潤收入、包含行政支出、租金資助、購買設備工具等。

近年環保署亦塑造「綠在區區」為回收的品牌，它是一個有11個「回收環保站」、33個「回收便利點」和約120個

「回收流動點」覆蓋全港18區的社區回收網絡。[84] 市民提交各種物品可以賺取積分以換領日常用品、糧油雜貨等。「綠在區區」主要由民間團體、社福機構投標營運，以進行環保教育及支援社區回收。

前線拾荒者雖做著同類工作，只是規模細如一人作業，待遇卻天差地別。拾荒亦是服務社區，為社區提供回收服務，協助減廢！然而拾荒者卻「手停口停」，還隨時被告阻街。回收物價錢不斷被壓價但也有價，拾荒工作卻是「無價」，更甚是要倒貼！拾荒者默默承擔著回收工作、付出勞動力，多年來卻少有被看見。政府無疑於竊取拾荒者的勞動力、奪去拾荒者的勞動付出，變相拾荒者為政府的回收工作墊了底。

外判商、民間團體獲資助為社區工作，市民參與回收亦有積分回報，唯獨最前線的拾荒者，卻不見政府提供支援與回報。

拾荒是社區勞工及環保工業前線人員

政府近年大力打擊衛生黑點及整頓市容，食環署總是對拾荒者進行驅趕、票控，著令清潔工清理拾荒者「阻街」的雜物，不論手推車、工具，甚至辛苦收集得來的回收物，只要放置於街上就是阻街，一律當作垃圾處理。

大部分公眾人士、店鋪卻會認為為拾荒者提供紙皮等於「益」街坊、「無本生利」，卻不去了解回收過程中其實有多個勞動的步驟和其中涉及的成本，更不知道拾荒者一直以來承托著政府空洞的回收政策，為社會墊底。

今日的拾荒者處境，反映制度的不公義，政府對回收基層勞動的漠視，拖欠支付拾荒者勞動報酬！現時更以衛生、美化為名，將社會底層和貧窮勞工驅趕出去，如果繼續如此，實在難以令人看見社區回收與勞動者生活改善的未來。

政府著力推動回收，社區動員固然重要，社區眾人如果都投入減廢再參與回收，將是邁向環保美好未來的一大步。拾荒者亦是社區勞工的一分子，為社區服務、協助環保回收，他們的付出更不容忽視。政府必須要肯定拾荒者的勞動付出、支援他們的工作，除提供空間予拾荒者作分類整理，亦應提供合規格的工具設備、妥善的工傷醫療保障，以保障他們的安全，避免他們落入「越拾越貧」的輪迴中。

筆者回應

女工會芷茵以勞動角度介入關心拾荒者，與拾平台的看法相同，同樣認為社會欠缺對拾荒者整體的支援。特別是女性長者投身勞動市場的選擇少，只能夠被聘做一些低薪、勞動性高的3D工種。我們可以針對工種的危險性、困難性和惡劣性去支援拾荒者，讓他們可在一個安全、保護性強的環境下工作。

芷茵提及「綠在區區」在社區產生「全民回收」的功能。筆者認為若綠在區區、社福機構和地區回收鋪三者能夠連結拾荒群體，便能改善拾荒者面對3D的狀況，社區的回收文化也能更加普及。綠在區區的回收種類多，能夠讓拾荒者除了收集廢紙箱外，還可以收集其他可回收物。只要6仔計劃與拾荒者長期合作，邀請街坊們成為社區回收大使，訂明收集指定的回收物，除了以積分累積的獎賞外，還可以開放空間讓拾荒者擺放手推車，以解決拾荒者被盜竊手推車的風險，同時可倚靠這群前線回收工作者增加社區的回收量。

除了6仔，地區回收鋪也可與社福機構合作，在回收鋪旁設立街站。除工作外，社工們可透過探訪和了解他們生活上的需要與難題，令拾荒者不被孤立在主流社會之外。當他們能夠透過工作連結社區不同的持分者時，拾荒工作也可以由3D變成3S──安全性（Safety）、支援性（Support）、共享性（Share）。

四、回收商角度

「真心英雄」

葉文棋 | 喵坊 Mil Mill 創辦人

我總是以這張照片開場去講回收，照片包含我對回收業的批判、想像和情感。

照片反映大多數人對回收業的看法：老同舊。「老」係從業員大多是上年紀的，「舊」係經營手法十年如一日。香港的回收業其實係收買佬，低買高賣，說不上環保，更不能可持續發展。2017年9月香港就發生了廢紙圍城，事緣中國收緊廢料進口，出口商停收廢紙三日，拾荒者亦停工，大量廢紙囤積街頭。如此經營是滿足不了城市可持續發展的需求。

我公司的回收業務很少接觸拾荒者，但有一年嘗試投標政府三色桶回收，希望由拾荒者去承包街道的三色桶。我們構想每條街道的三色桶由拾荒者負責，他們肩負清潔回收大使，教導市民正確回收方法，而他們既可獲得回收物的收益，又可賺取服務費。可惜這方案在各種條例下不易實踐，加上我公司未能投得該項目而未有實現。

對於拾荒者被漠視甚或貼上負面標籤，我頗身同感受。創辦公司初期，主要為機構提供辦公室廢紙回收服務，而且是免費服務。有趟某上市公司接待員來電，我湊巧接聽，她語氣頗不友善：「你哋好快些嚟收咗啲垃圾，唔係就扔咗佢。」明明是資源，很多人卻當作垃圾。對專業回收公司態度不甚客氣，對拾荒者更加難以想像。

很多人不理解回收商及拾荒者的付出，以為交廢紙予他們已經是恩惠。上文提及廢紙圍城時，我站在一家超級市場門外觀察店員處理廢紙，要剟好折疊好放上手推車，然後再推到百米外的垃圾站，估算每家超級市場至少要半個人去處理一整天的廢紙包裝。以當時最低工資連強積金及勞工保險計算成本近130元，而拾荒者按廢紙量大概只收到50元，所以我常説制度上剝削了他們，超級市場其實要付拾荒者處理費。

別小看一眾拾荒者，他們其實是香港減廢回收的一班無名英雄。香港一年生產近150萬噸的廢紙，回收率大概40%即係約60萬噸，新福事工協會於2018年進行全港拾荒者調研，推算拾荒者包括清潔工每日回收逾193噸廢紙，佔香港廢紙回收約12%。如果拾荒者停收，廢紙圍城的情況一定出現。

回收業近年面臨兩大困境。一是經濟疲弱以致對廢紙需求減少，回收價格低迷；二是對廢料進出口的限制，尤其中國大陸嚴格限制可進口紙種（只限三紙即紙皮、報紙及辦公室廢紙）及其質量（雜質不可超過0.5%，而國際慣例為0.02%）。回收價格低固然直接影響拾荒者收入，後者同樣限制可回收物的數量又同樣影響拾荒者收入。

回收業本來就係勞力密集，加上運輸成本高昂，回收商願意支付拾荒者送到的廢紙，但價格必然受制於市場。很多拾荒者並未因為價低而停下來，默默承受相同勞力卻更低收入，而且缺乏保障，我們又怎能不對其角色予以肯定及致意，他們是行業的真心英雄，秉持自力更生的精神。

而香港面對減碳（15%碳排放源於垃圾）減廢挑戰下，我總以為拾荒者網絡可以發揮更大功效。我多次提出玻璃樽回收若拾荒者可以有每個5毫的收入（現時生產者責任制下每一個一公升玻璃樽的稅金約1元），回收量必可大升。又例如我公司 Mil Mill 紙包飲品盒回收廠，如果咖啡店和快餐店付費拾荒者代為交送紙杯、牛奶盒，在垃圾收費的前提下是否也可行？

我不想見到更多的年老拾荒者，是這個富裕城市的羞恥，但仍樂於見到更多創新社會實踐計劃包容拾荒者，肯定其社會功能。

筆者回應

筆者欣賞 Harold（文棋）是位擇善固執的人，特別對回收業前景發展的著緊，是少有願意為業界發聲的人。原本穩定的事業可繼續發展下去，他卻選擇了為本地回收業更進一步，就是開拓未有人嘗試的紙包飲品盒回收業務，這和研究拾荒者議題一樣困難，因為大家都是開荒牛，闖進沒有人進過的領域，不知道後果會是如何。

2019年他聯同部分回收商申請回收基金，希望可令廢紙回收業穩定下來，讓地區回收鋪有些補貼、提升拾荒者回收工作的收入。雖然 Harold 常說那次不是特意幫助拾荒者，而是整體回收業發展的策略之一，亦坦誠分享指回收業只是一盤生意，是要看如何運作，不像其他人對他的印象般想得這麼偉大，也沒有拯救地球、拯救回收業的想法。但在細微處卻看見他沒有丟下弱勢的持分者，至少因為他們的「回收補貼計劃」試行成功，令政府將這計劃理念恒常化（補貼廢紙回收價不少於7毫，由2020年開始至今仍然運作中）。這種對回收價的補貼，間接讓拾荒者的收入大大改善。

Harold 近年創辦的喵坊，推動本地回收紙包飲品盒，更邀請市民與他們一同參與這工業的發展，也啟發了不少年青一代對環保議題的想像。推動一間企業發展不簡單，推動一種新的回收運動更不容易，期望香港人在環保議題和實踐上，有更多像 Harold 般的人參與和產生社會影響力。

五、環保倡議角度

「畀人睇到又如何？」

朱漢強

2021年，香港的整體回收率只有31%，如果沒有拾荒者，這個數字會進一步再滑落多少？廢紙是全港回收量第二多的類別，回收業行家告訴我，其中兩成的紙皮便由拾荒者撿回來；而人們每日扔進垃圾桶和隨手棄置路邊的鋁罐，也多得這個群體逐一彎腰撿拾，才得免落入堆填區。

總覺得，一個進步的社會應該老有所養，回收率不該由老弱基層去撐起，可是不應該，不表示不存在。聯合國人類住區規劃署（UN-Habitat）在2022年發表報告《不讓任何一個人掉隊》（Leaving No One Behind），提及全球大部分地區的廢物回收狀況欠佳，若非有數百萬「非正式垃圾回收業者」（IWRS），污染壓力將更大，同時減輕當地政府的負擔。[85]因此，IWRS 對可持續城市的貢獻應該得到認可。

我想起台灣作者孫心瑜的無字繪本《香港遊》，書中每一頁都有熟悉的我城景點，但暗藏其中，總有僂著背低下頭、用乾癟雙手拉著廢紙箱的長者身影。拾荒群體擔起重要的減廢功能，理應受到肯定。可惜撿拾工作一直被當作「非正式經濟」，不受重視，政府和正規資本都不想介入，更枉論提供福利保障。政府不介入，因為管理成本太高；資本不參與，源於利潤太低。

在香港，拾荒群體不僅得不到認可，反而處處遭受漠視和被邊緣。友人 Peter 曾把這親身經歷放上 Facebook：

「有政府人員向（旺角）波鞋街嘅拾荒街坊講：『你哋執紙皮嘅都係匿埋喺後巷，喺大街畀遊客見到就唔好睇啦！』」

拾荒「唔見得光」？

2023年4月出席國際會議，南美環團夥伴跟我說了一個平衡時空的故事，主題且叫「光明正大」吧。話說今年一月，遠在一萬八千里外的巴西舉行總統就職禮，盧拉從八位社會代表手中接過象徵總統權力的綬帶，正式成為國家元首。其中一位代表，正是拾荒者，而這樣的安排，既反映對拾荒者的尊重，也呈現該國人口的多樣性。

誰說拾荒者難登大雅之堂？

盧拉就職後簽署的第一批新聯邦政府法令，包括成立技術小組，研究和制定拾荒友善的「Pro-picker 計劃」。[86]巴西有80萬的拾荒大軍，一同擔起收集全國90%回收物的重任。這個群體組成的合作社和團體超過一千個，即使拾荒仍受排斥，卻絕非 no stake in the society。

環團夥伴說，巴西的拾荒者組織組成了全國性工會，既爭取改善工作環境和提升勞工教育，也強調內部民主與自治。由於組織能量大，合作社還會接受政府委託提供收費的回收服務，甚至參與政府生產者責任法規的討論。

以出席總統就職禮的 Aline Sousa 為例，她現在33歲，但早於21歲便當選合作社的主任祕書，三年後成為該組織的主席，還馬不停蹄四出參與與廢物有關的公共事務。例如剛過去的4月，她便出席當地市政府的零廢棄論壇，並且在有關氣候緊急狀態與固體廢棄物的專題討論會上發言。

拾荒的眼界，絕不受限於膝下的膠樽、紙皮與鋁罐，他們絕對可以站得更高、看得更遠。

聯合國正商討制訂管制塑膠污染的全球公約，其中一項議程重點，便是促進拾荒等「非正式垃圾回收業者」的「公正轉型」，以實現「人人享有體面工作、社會包容和消除貧困的目標。」這的確是一種進步：塑料污染不再只是環境問題，同樣是人類的問題。

Maimunah Mohd Sharif 任檳城市長時，曾經示範過這樣的公正轉型：政府為拾荒者提供有照片的身分證，方便他們獲得醫療保健等福利。如此簡單的舉措，既增加工作保障，也把回收率從15% 大幅提高至56%。Maimunah 現職 UN-Habitat 祕書長兼執行主任，繼續不讓任何一個人掉隊的使命。[87]

拾荒話題，當然值得放到議事堂上商討，無須掃到地毯底或者陋巷中，更不會有人說：「畀人見到就唔好睇啦！」

筆者回應

回想自己如何開始倡議研究的路途上，其中一位認識的就是朱漢強先生。當時朱仔仍在一間環保倡議組織任職，對不同的環保議題都掌握熟悉，往往想出很多有趣到位的方法去推動議題，當時筆者恍如看見魔術師在變魔法般，由沒人關心的內容到引起公眾討論和關注，他所工作的組織都能夠帶領著市民去認識不同種類的環保議題，推動公民環保意識不遺餘力。

拾平台在2018年成立時，還未真正思考到拾荒議題倡議的方向，是朱仔啟發我們需要從「連結環保議題和回收業發展」的角度思考。打從2017年回收業出口面對全球和國內廢品回收供應緊張的狀況，也直接影響著拾荒群體的生計，而拾荒者在社區的互動也同時影響回收業的前路。在整個結構性回收工業鏈中相互牽連，互惠彼此，拾荒者所作是勞動工作的一種，他們在回收業確實是提高了回收量和回收經濟價值，從回收業角度來看，這打破了過往大眾認為拾荒者就是本地貧窮的象徵，也打破了過往以慈惠和服務的向導去思考支援拾荒者的方式，擴闊了平台的視野與倡議的方向。

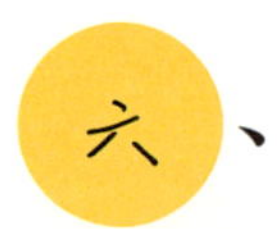

六、社會福利保障角度

「『窮，沒有辦法。』——從社會保障角度透視長者晚年狀況」

嚴祉琦 | 政策研究員

在幽暗濕滑的窄巷中，她一拐一拐地走過來。剛完成膝蓋手術的雙腿，留下由大腿下方畫下至小腿前的傷疤，膝蓋腫得像手球般大，支撐著佝僂瘦弱的身軀。她的手推車堆滿了附近住戶和商戶棄置的紙皮，這些紙皮全都是街坊們拿來給她的，因為她自三十多歲開始就在這個社區拾荒，一拾就拾了數十年，今年已78歲，街坊早已熟悉她，恆常為她供應「貨源」。

即使雙腿做完手術，走路及企直也有困難，她仍未曾想過要停止拾荒。「窮，沒有辦法。」然後哈哈大笑著。她正領取長者生活津貼，一個月領取4,250元補貼，拾荒為她每天帶來約30-40元的收入，補貼日常買餸、交通、醫療等種種開支。正好附近的店鋪準備派麵包，她連忙撐著當拐杖用的回收物，搖搖擺擺地快步去排隊，換來兩個小麵包當明天的早餐……

對於這位老態龍鍾的長者來說，拾荒工作固然能為她的生活增添一點「細藝」和與街坊接觸的渠道，但背後驅使她堅持拾荒的主要原因，莫過於經濟需要。這個案只是冰山一角，現時香港長者貧窮率達32%，[88]即約三位長者就有一位生活於貧窮線之下，[89]長者貧窮率是香港整體人口貧窮率的1.8倍，情況較其他發達國家嚴重。歸根究底，是香港缺乏完善的退休保障制度；隨著人口高齡化，香港長者人口持續上升，收入不足的長者人口或會增加。同時，老年撫養比率將由2021年每3.3位成年人供養1位長者，升至2066年由1.4位成年人供養1位長者，[90]現存的退休保障制度的可持續性成疑，貧窮長者的經濟處境將面對更大的挑戰。若然年紀老邁的長者退休後能獲得足夠的經濟保障，相信他們可以更自由地選擇更理想的生活方式。

香港的退休保障制度

現時香港長者退休後在財務上的保障制度，包括以公共財政支撐的綜援、長者生活津貼和高齡津貼等公共福利金計劃；以雇員與雇主強制性供款為主要財政來源的強積金制度；及以個人自願性供款為基礎的年金制度。然而現存的退休保障制度，存在不少不足之處，以下部分將逐一拆解。

綜合社會保障援助計劃

綜合社會保障援助計劃（下稱「綜援」）為經濟上無法自給的人士提供安全網，對象不限於長者，但有超過一半是年老個案。[91]作為香港最後的安全網，制度設嚴謹的經濟審查，以單身長者為例，資產須少於54,000元才符合綜援申領資格，不少長者對耗盡積蓄心存顧慮，寧可節衣縮食。現時只有約一成的長者使用綜援，而且制度的申領程序、標籤問題一直為人詬病。

根據嶺南大學及香港教育大學2021年進行的一項隨機抽樣研究，在受訪的65歲及以上香港長者之中，有13.2%合資格領取綜援的長者沒有申領綜援，主要因為申請所需的交易成本（即申請所需的時間和精力）過高、申請程序太繁複、領取補貼產生個人或公眾恥辱等等。[92]以上調查均反映現時的綜援制度，因申領程序繁複及負面標籤問題，把有需要人士排拒於制度之外。

再者，綜援是以家庭為單位的制度，即使家庭符合申領綜援的資格，若同住的家人不願意申領綜援，有需要的長者亦難以以個人名義申請。基於以上種種因素，長者即使有經濟需要時，亦未必會選擇申請綜援。

長者生活津貼

長者生活津貼同樣是設有經濟審查基制的入息保障制度，有別於綜援制度，長者生活津貼專為長者而設，不用連同非長者的同住家人舉家申請，經濟審查門檻較寬鬆。現時，長者生活津貼是最多長者使用的公共福利入息保障制度，有近四成長者使用。[93]

然而，長者生活津貼每月津貼金額只有 $4,250。根據香港社會服務進行的研究，現時一位健全長者要維持最基本的生活費需要每月最少 $5,980，[94]而非健全長者所需的基本開支更高，可見現時單憑長者生活津貼並不足夠應付基本生活。[95]

再者，長者生活津貼單身長者的資產限額為 $406,000，雖然資產限制近年已被調高，亦較綜援寬鬆，但不少長者希望保留一些積蓄以應付緊急需要。近年一項隨機抽樣的調查發現18歲以上的香港市民一般認為平均需要 $1,030,000儲蓄才能獲得足夠「安全感」，[96]一般而言，越臨近退休年齡人士所需的積蓄會更高。因此，若需花掉積蓄才合資格申領長者生津貼，或會令部分長者退休後缺乏安全感。

高齡津貼（生果金）

有別於綜援及長者生活津貼，高齡津貼是不設經濟審查，專為70歲或以上居民而設。現時約有兩成長者使用。[97]

事實上，高齡津貼原意為答謝長者一直對香港社會的貢獻，像發放些「零用錢」表達敬意，因此金額不高，目標並非保障長者收入。因此，高齡津貼每月津貼金額只有 $1,640，遠比上述研究推算的健全長者每月基本生活費$5,980少。

整體來説，現時香港仍有約有兩至三成的長者未能受惠於上述任何一項公共福利制度。而且有部分長者即使有使用以上述制度，金額亦未必足夠讓長者安心度晚年。

強積金及年金制度

至於強積金及年金制度，分別為強制性及自願性供款的個人退休保障制度。因此，保障的覆蓋性及足夠性視乎個人的經濟狀況，強積金對低收入人士的保障作用有限，且完全無法涵蓋無業人士；年金制度對中下階層而言，亦難以提供實質的額外保障。

此外，有別於其他提供穩定入息的退休保障制度，強積金是以一筆過方式領取。因此，在無法預知壽命的情況下，長者或會面臨雙重困境：活得越長，越可以陷入退休金耗盡的風險；活得較短，則可能來不及動用積蓄。

公共福利以外，家人供養或成為部分長者的主要收入來源。然而隨著社會結構變遷，這一安全網正逐漸瓦解，根據統計處於2012年進行的調查，有近三成長者沒有得到家人的經濟支援。[98]

拾荒以外的收入來源

一項關於本地拾荒者的調查發現在70歲或以上的拾荒長者中，分別有12.2%領取綜援，29.1%領取長者生活津貼，54.9%領取生果金。這群體使用設經濟審查的入息保障制度比例較全港長者低，可能源於兩種困境：一方面他們可能不符合資格申請綜援或長者生活津貼，亦可能對審查制度表現抗拒。受子女供養的拾荒者亦未達三成（與香港整體狀況相近）。在收入不足的情況下，部分長者或被迫通過拾荒等非正式勞動幫補生計。

現行制度存在的結構性缺陷，未足以讓部分長者擺脱貧窮困境。要突破此困局，香港需要加強財富再分配機制，建立更具普惠性的長者入息保障制度，從根本確保長者獲得體面的晚年生活，這需要社會各界集思廣益，凝聚共識，以完善相關制度。

筆者回應

2017年我們向上司分享想嘗試認識「倡議工作」是怎樣的一回事，上司二話不說就介紹了祉琦與和平給我們認識，其後她在任職的機構舉辦學習倡議的課程（倡議學堂），在那裡是我們第一次很全面地認識何謂倡議，亦認識了很多社福界別的朋友。很感謝能夠認識到 Edith（祉琦），縱使她認為自己什麼都沒有做過，我們都當她是師傅了！還記得倡議學堂的其中一課，有位嘉賓分享可從字的部首作理解「倡議」，「倡」即社會每一個「人」每一「日」都要表達發聲（「曰」）。那麼為了什麼而表達和發聲呢？所以「議」就是要「言」說公義，實踐公「義」，每人也應在日常生活裡作一個為事倡議的人。

Edith 曾從事扶貧政策研究的工作，對政府推動的政策措施和社會福利也十分熟悉，她在文中道出了在本地人口老化的增長，正不斷增加家人的供養負擔，同時亦分析到現存退休和福利制度的不足之處，令部分長者在晚年得不到應有的支援。文中更分析到社會保障種類，都是以制定貧窮定義的其中兩個指標:「生存」和「基本需要」來制訂，而除了這兩個面向，還有一個是我們不能夠忽視的，就是「相對匱乏」。所謂相對匱乏，即當人的社經地位與社會參與被剝奪，在社會未能與大部分人同樣擁有身分認同或某程度上的自由時，便可能產生相對匱乏的情況。[99]或許是面對著貧窮或低層生活的磨難，但拾荒者從事的回收工作不被認同，在行業中又未有參與和議價的權利時，再加上精英與階級主義下的標籤與污名化，這種社會性排斥會令拾荒者失去尊嚴，失去生活和工作的動力。

根據2023的拾荒者研究調查中，其中一條關於「拾荒者的精神健康狀況」的問題，[100]是次調查中訪問了700多位拾荒者，約11.3%受訪者PHQ-2的分數在3分或以上，有抑鬱風險的可能性；整體受訪者的平均得分為0.86；只有11.6%受訪者GAD-2的分數在3分或以上，有焦慮風險的可能性，整體受訪者平均得分為0.83。[101]可見回收工作對大部分拾荒者而言並不會令到他們精神健康狀況轉差，或因工作處境問題而影響情緒，某程度上筆者認為回收工作令部分長者找回做人的目標，或社區的身分認同感，也令他們更開朗、活潑。

大家有沒有聽過很多長者常說：「成日喺屋企坐，都唔知有咩做好」？筆者認識的部分拾荒街坊，也是這個原因而從事回收工作，一做就做了十多年。

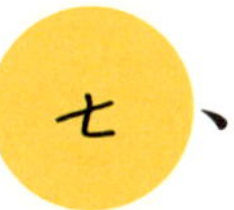

七、社會學研究角度

「香港拾荒者的處遇：貧窮、勞動及保障」

陳紹銘 ｜ 城市大學社會與行為科學系助理教授

拾荒者，一個個在街頭執拾紙皮、鋁罐、回收物的勞動者，被視為香港貧窮的一個標誌。看到一些身體虛弱的長者在街道彎腰拾荒、或是在垃圾桶找回收物、或在馬路推著層層的紙皮，有時實在令人心酸感到可悲；然而，另一方面，拾荒者的堅毅勞動也令人尊敬，即使年長仍然繼續工作，也為社會及環境作出貢獻。而從社會工作或社會政策的角度，應先要了解整體拾荒者的背景及處境，以及他們的需要，才能進一步思考如何理解，或介入改善情況。

貧窮基層 社會基石

本港沒有官方的拾荒者統計，傳媒偶爾有個別的報導，但社會甚少有關於拾荒者的調查（樓瑋群，2007），拾平台於2018年進行的「全港拾荒者調查」，可算是首個全港性的拾荒者普查，筆者亦有參與其中，調查發現拾荒者普遍為女性（80%）、比較年長（八成多為60歲或以上），而有關於拾荒的原因，24.5%是為維持基本生活，有64.5%是為了幫補生計（可重複選擇）；而每月的回收入平均約700多元，六成多人拾荒以外的月入少於$5,000（拾平台，2018、2021），這顯示著普遍拾荒群體面對貧窮的處境。[102]不少拾荒者為基層市民，不單指是面對貧窮，同時亦是社會的重要基石，事實上拾荒者對社會有著重大貢獻。

一方面，拾荒是回收工業重要的一環，回收商取了靠企業或市民回收，就是靠拾荒群體的集體回收，才有回收物及材料去再造或再生產。近年，社會亦曾因為停收紙皮紙箱或因為疫情，而出現「紙皮/紙箱圍城」，曾出現地區街頭滿布紙皮及紙箱的情況，反映日常街頭回收的數量龐大，同時亦見到拾荒者對環保的貢獻，事實上，拾荒者的工作亦是環保的工作，在社區回收被棄置的物品，不但保持社區衛生整潔，同時也是支持再造再生產，可算是其中最有「效率」的環保工作（WIEGO，2023）。香港拾荒者當中，亦有部分（25.8%）在街頭拾荒是因為想支持環保（拾平台，2018）；事實上，拾荒者對於經濟及環保的貢獻，在外地早已得到肯定（Dias, 2016; Gutberlet, Carenzo, Kain, & Mantovani, 2017; Parra, 2020）。

長者勞動 欠缺保障

社會亦應從勞動的角度理解拾荒，拾荒是不折不扣的體力勞動，比社會上不少工作付出更大體力、對社會有莫大貢獻，但同時欠缺勞工保障、亦有面對不少意外風險及不合理的對待。拾荒在本港算是非正規工作，沒有一般正規全職勞工的保障，例如工資保障、工傷賠償、保險等權益；同時，非正規工作在各地非常普遍，國際勞工組織（International Labour Organization, ILO）（2023）資料顯示，全球有逾半非正規勞動人口，對經濟有重大貢獻，卻未有足夠保障。香港的拾荒者，亦面對不同程度的工傷及身體勞損，2018年調查顯示，超過六成受訪者因拾荒而令身體有所勞損及病痛，包括關節痛、肩膊痛及皮膚敏感（拾平台，2018），另一份地區調查亦指出拾荒長者不時有被手推車撞傷、被剃刀割傷、手指變形等情況（基督教香港信義會，2023）。此外，過去調查及不少傳媒報導亦指出，拾荒者在社區工作面對不少難處，包括被偷去財物、被呃秤、被不禮貌對待、被驅趕票控等（拾平台，2018；基督教香港信義會，2023），勞動有貢獻，卻是人工低、欠缺工作保障。

此外，全球人口老化已經不爭事實，長者工作也越見普遍，長者勞動人口在十年間上升逾三倍，雖然香港在職長者從事較低技術工種的比例高於相應的整體人口比例（陳大衛、葉錦峰，2019），然而，過往不少關於長者就業的討論及研究，討論卻比較集中於中產及高收入的群組，對基層長者的持續就業卻比較少關心。近期有調查指出，基層長者勞工不但面對長工時人工低情況，有勞損及痛症者高達八成以上，卻不受《僱員補償條例》所保障（香港社區組織協會，2022）。正因為長者因年齡而身體機能下降，工時更需要有支援及保障，以拾荒為例，提供保護高的手套、性能高的手推車、教授伸展運動或工傷保障，已是很重要的支持。

組織關注 政策跟進

長者勞動保障，或拾荒工作支援，需要長時間的關注，組織及政策跟進尤其重要。過去，國際上已有關於拾荒的國際組織，例如 International Alliance of Waste Pickers

(IAWP)，持續關於拾荒者的權益，甚至有國際會議討論及交流拾荒者在不同地區的工作處境、困難及出路 (IAWP, 2023)。在香港，雖然關注的團體不算多，但仍有充滿熱誠的社福、志願或教會團體，關注拾荒者的生活及工作，例如「拾平台」，持續關顧、教育及培訓前線工作者，也跟進相關政策提出改善建議，而社會服務機構，如基督教香港信義會，也有「拾連」計劃，跟進拾荒者處境外，也倡議回收友善社區。

政策方面，雖然環境保護署在2020年推出全港廢紙收集及回收服務，嘗試改善收集廢紙及回收的質量、物流、及持分者的工作，不過，民間調查亦反映回收價值仍然未如理想，而拾荒者也沒有議價能力，計劃仍有待改善 (拾平台，2021)。此外，正如上文所述，拾荒者的勞工保障應得到進一步保障，例如哥倫比亞早已高度肯定拾荒者的貢獻，重視非正規勞工的權益及保障，亦與企業合作完善環保產業 (Gall et al., 2020)。此外，政府亦應帶頭推動不同的回收友善及長者就業友善政策，包括給予更多空間拾荒及回收、推動社會外展支援服務、提高資助回收工作、加強公眾教育、檢討長者就業政策等，不但可以讓有能力的長者繼續工作，亦保障他們免受到不必要的歧視或不公平不友善的對待。

筆者回應

紹銘之前曾從事社區發展工作，對倡議權益的工作很有經驗，近年修畢博士學位成為作育英才的大學教授，教學工作以外更積極參與民間倡議研究的工作，無論劏房議題、無家者議題等都會看見他的參與。當年籌備第一次大型的全港拾荒者研究調查，他二話不説一口答應成為義務研究員之一，在分析數據與校對論述方面支援不少，感謝他無私的付出，讓更多香港人認識到拾荒議題。

從紹銘的文中談及了拾荒議題的多個向度，本地拾荒群體其實不只是一個長者的群體，讓香港人去派飯、送物資給他們就可以處理的問題，拾荒議題是可以涉及長者就業、勞工處境、垃圾處理、回收系統，甚至是回收業發展、社會公共空間使用和道路使用者權利等。很明顯我們不能夠忽視的是，拾荒議題不能夠脱離社會體制和政策措施的討論，而政府亦不能夠逃避對這個群體的正視和關注。

我們需要正視長者在社會的權利與參與，社會有可能製造一種意識形態，就是年長的人隨著年齡的增加與勞動力下降，他們需要在主流社會退下來，或需要社會福利服務的支援，又或以退休金和政府補貼去解決人口老化所產生的問題。這種長者群體的結構性倚賴，並不等如現實中所有長者都需要倚靠這種制度去過他們晚年生活，他們有權利不跟隨這種意識形態過活。

有接近六成的拾荒者從事回收工作是因為期望工作帶來幫補家計的收入。縱使他們大部分都有申領長者生活津貼，但仍然需要參與勞動來幫補家庭開支，證明本身在計算社會福利制度的基礎上，仍然未能夠緊貼實際的生活水平，提供足夠的生活津貼予一群拾荒者。即使有子女供養的拾荒者，也有不同的原因期望走出這個結構性的倚賴，建立一種生活自主的身分角色，而拾荒者的存在，正是一群不願順從於老化人口的意識帶給他們的倚賴，更要靠自己嘗試在晚年都能夠擁有自己的一片藍天。

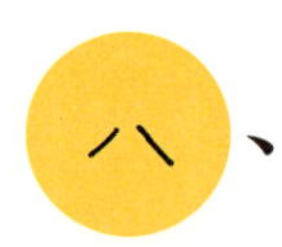

八、社會服務實踐角度

「社區支援拾荒長者的建議」

呂家俊 | 註冊社工

香港的拾荒者主要以長者為主，由於拾荒所賺的利潤不高，很少年輕一輩入行，與此同時，踏入退休年齡的長者面臨經濟市場的排斥，很難再找到工作。當長者欠缺選擇而仍要賺錢幫補時，拾荒作為門檻較低的工作，便是少數的出路，只要仍有力氣、身體狀況能應付，便能加入拾荒行列。有見及此，若透過社會服務來回應拾荒者的需要，除了職場支援，長者服務也是不可或缺。

回顧現行的社會服務，拾荒長者未被列入恆常的服務對象，縱使不少人認為拾荒長者應得到支援，認為他們生活缺乏保障，但支援方式多以長者福利和物資著手，因提到拾荒長者，主流大眾會聯想起貧窮，往往忽略了勞工、退休生活、環保等角度，變相令支援變得單一，而服務單位通常以關懷貧窮的方式探訪拾荒者，並未提供全面的服務。

而拾荒長者的獨特需要，在於他們習慣獨立工作，缺乏支援網絡，當遇到各種生活難題，不懂得如何尋求協助，加上現時未有法例保障拾荒長者，工作又充滿風險，而長期勞動令身體勞損，長者踏入高齡，身體機能更明顯退化，同時面對污名化，又缺乏安心的退休保障，他們需要的是安全、便利和受尊重的工作環境，改善健康狀況，連繫社區與資源，重拾尊嚴與滿足感，可是現行服務未能滿足拾荒長者的需要。

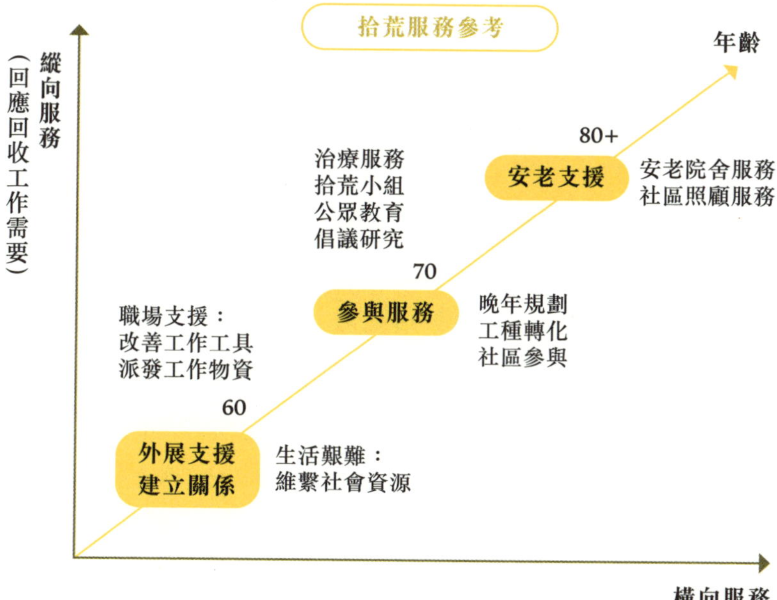

為針對拾荒長者的需要，在不同年齡階段，可提供不同形式的支援。參考過往少數社福機構的拾荒支援服務，服務可分為縱向與橫向層面，縱向服務是職場相關的支援，回應工作上的需要；橫向服務指拾荒以外的生活面向，按年齡提供適切服務，回應晚年生活需要。兩個層面互相配合，支援會更全面。

外展服務

外展支援是拾荒服務的基礎，由於拾荒長者相對獨立，不主動求助，不習慣參與服務。尤其相對年輕的長者正值打拼期，忙於工作，放下工作的成本太高，不願抽空參與，而年紀較大的長者則擔心自己能力不足和難適應活動，因此貿然邀請他們參與服務，大部分長者都會拒絕，因此以外展方式持續接觸和關心長者，建立信任關係，長者才願意踏出一步，嘗試使用服務。透過外展接觸，除了提供工作工具和物資，亦可為長者跟進工作中遇到不公平的待遇，例如關注回收價格被剝削、追討交通意外賠償、正視執法部門的程序公義等，同時按需要為長者提供情緒支援和資源轉介。

隨著外展服務與長者逐步建立關係，可按需要邀請長者參與合適的服務，當拾荒長者踏入高齡，體力未能應付以往的工作量時，便開始轉為較輕省、彈性的工作模式，更容易抽空，亦成為進入服務的時機。而拾荒服務有微觀、中觀、宏觀的介入方式，從個人健康的治療服務、群體參與的小組服務、社區面向的再就業服務和公眾教育等，到政策層面的倡議研究，才能全面回應長者需要。

治療服務

由於拾荒長者工作時長時間彎曲腰部，手指經常綁紮紙皮，又運送沉重的回收物，加上姿勢不正確、缺少拉筋運動，造成手指關節的變形及繃緊，膝關節出現退化及有腳患，甚至出現嚴重的背部彎曲問題，可是長者忙於工作不願參與服務，若提供外展式的中醫、物理治療、職業治療等會更到位支援長者，除了舒緩身體勞損狀況，亦可從預防著手，例如：教授推車的正確姿勢、以運動強化肌肉等。

小組服務

拾荒長者面對著空間、社群和政治的排斥，凝聚拾荒長者以爭取勞工權益也是重要一環，而小組服務是凝聚長者的重要平台。縱使組織同行競爭的拾荒長者並不容易，組織者需透過以往與長者建立的關係和團體建立，促進長者建構共同目標，回應工作中共同受壓迫的處境，化解長者昔日矛盾和誤解，順道帶出各種回收議題，例如探討工作中面對的挑戰、拆解壓迫拾荒者的主流論述、認識現行回收政策、討論垃圾徵費的潛在影響等，給予空間互相分享，匯聚集體智慧和心聲，一起推動回收友善社區。

此外，拾荒長者忙於工作，無暇關顧自己的生活需要，「晚年規劃」有助長者探索退休生活的可能性、需要和生活盼望，以提升長者的生活質素。在小組的討論中從回收議題引伸至長者的生活作息和退休時間表，拆解退休生活的迷思，例如不工作不等於無價值、年老不等於無用等，讓長者明白拾荒不是晚年唯一的出路，只要發掘其他生活選擇，例如做義工、參加社區活動等，生活同樣多姿多采。另顧及長者以拾荒幫補生活的需要，小組中也會介紹現行長者福利、社區資源、醫療服務、安老服務等，亦探討金錢的運用和理想的退休保障，以豐富長者的資訊，懂得如何申請社會資源，也為晚年安老作好準備。最後也會討論健康議題，例如探討工作勞損狀況和作為拾荒者的自我形象、介紹健康飲食和強身運動、認識精神健康和性格強項等，以實踐健康晚年。

再就業服務

當長者踏入退休年齡後，即使能繼續工作，也主要從事勞動性高的工種，例如洗碗、倒垃圾、清潔、回收等，甚少有其他選擇，而不少拾荒長者也未有很大意願重返就業市場，原因包括怕影響現金津貼、需要彈性工時、不想再受職場壓力等，因此拾荒長者需要更多的工種選擇和較彈性自主的工作模式。為拾荒長者提供「工種轉化」服務正回應他們長期勞動和經濟上的需要，其理念是促進多元選擇，尊重長者決定，讓長者有拾荒以外的工作選擇，並非貶低拾荒的價值，讓長者學習新技能，投入較輕省和時間彈性的工種，減少持續勞動，亦幫補生活所需。

工種轉化有兩個層面，其一是將拾荒昇華，發揮長者回收技能與環保角色，例如回收分類員和回收導師。回收分類與拾荒息息相關，不少回收團體都需要人力把收集回來的回收品作進一步分類，例如塑膠有1至7號的類別，長者可化身為回收分類員，協助分門別類，而且回收分類員屬於被認可工作，肯定長者在回收業中的貢獻，同時長者能得到勞工保障。至於回收導師是指帶領公眾人士進行拾荒體驗和分享拾荒故事的導師工作，由於屬一次性質，時間彈性，也是長者熟悉的事物，頗受長者歡迎，加上工作讓長者有很大的滿足感，例如長者沒有想過有聽眾跟他們學習回收工作，從受助者轉化為助人者的角色，同時得到參與者的欣賞。

工種轉化另一個層面是按長者以往認識的技能加以發揮，或擴闊新技能，而在工種的設計上，可提供不同技能程度的工種，簡單的工種包括送飯、包裝、農作等，所需技能相對簡單，門檻較低，長者較願意嘗試，適合大部分長者參與。而需要較多技能的工種包括社區飯堂、小食導師、種植導師、幼兒接待、電話關顧等，涉及長者日常生活技能，甚至活化昔日的手藝，例如開班教授鹹水欔、茶粿、涼粉等，承傳傳統的技藝。即使重頭學習新技能，亦可看到長者的可塑性，例如邀請拾荒長者參與電話關顧，起初長者擔心不懂說話，但經學習和培訓後，能放膽慰問受訪者，甚至分享自身經歷，彼此鼓勵，也學懂運用電腦平板輸入記錄，長者充滿成功感。

公眾教育、倡議研究

當長者逐漸提升權益意識和建立回收工作者的身分，可邀請長者一同參與公眾教育和倡議研究，爭取社區群體的關注、認同與合作，提升拾荒長者的社會地位。

雖然現行政府資助的服務中，未有恒常資源支援拾荒長者，不過也值得探討如何運用現有的配套來提供支援，例如現時長者服務中有長者支援服務隊（STE），以外展到方式發掘潛在需要的長者，能否考慮擴闊接觸社區上的勞動長者？另一方面，透過長者中心的義工網絡，組織義工關心區內的拾荒長者，促進社區人士對長者的認識和尊重，有助社區共融。還有配合現行安老服務，及早為拾荒長者提供安老資訊，讓長者更安心銜接相關支援。

總括而言，長者拾荒是香港的普遍現象，而拾荒長者亦有獨特的需要，現行的服務未足以支援他們，因此值得繼續推動拾荒服務的發展，兼備勞工權益與長者服務的元素，從外展支援至各種服務，回應長者工作、經濟、健康、生活等需要，建議將拾荒服務恒常化，讓拾荒長者得到持續的支援與安心的保障。

筆者回應

感謝 Tom（家俊）將他們多年來在服務拾荒群體方面的經驗詳細整理出來，並無私獻給社福界的同事作為參考，讓我們有一個立體的視角去看見社福界能夠如何與拾荒者同行，這種經驗實在很難得。筆者十分欣賞 Tom 的工作，他能夠做到真正與街坊們同行，與街坊相處的態度真誠而專業，所以他們之間建立的關係都很穩固和持續。他往往是筆者的學習對象，和關顧拾荒群體服務的戰友。

Tom 嘗試在關顧拾荒者日常生活與工作的同時，開發他們在不同方面的可能性。大部分拾荒者終其一生都在回收工作中營營役役，並沒有好好為自己的晚年生活打算過，Tom 期望在工種轉化計劃的實踐過程中，給拾荒長者一個可自主選擇的機會，原來除了回收工作，他們也可嘗試其他有意義的工作，如致電慰問其他獨居長者、協助行動不方便的長者清潔家居、參與農務工作等，擴闊自身的眼界和社交圈子。這種實踐不但令到社福機構能突破固有對拾荒者的想像，還累積了關心勞動長者群體的服務經驗。

這多年的努力，Tom 與一群北區的拾荒長者建立了持續和堅固的友情，組織到他們為自身權益發聲，同時能夠向公眾展現到拾荒者在社區的回收角色，讓市民能夠重新認識拾荒群體的真實處境，擺脱過往對他們的誤解與污名化傾向。由於 Tom 工作的機構是與拾平台一樣極少數服務拾荒群體，且認同對他們勞動層面支援的組織，我們都期望能夠有更多社福機構參與、認同支援拾荒者的處境，共同建立友善的社區。

九、社會創新角度

「創意設計對拾荒工作的重塑」

陳嘉興 ｜ 設計師及視藝藝術家

在設計行業多年，工作多以商業路向為主，面對的是「客戶」，所發生的關係就是「設計師、設計品及客戶」三者的關係，在這關係中，客戶就是「用家」的代表。

直至涉獵社區設計，這關係轉變為「設計師、設計品及用家」，而「用家」並非如商業設計中指向單一的目標顧客群，如果用社區設計的概念，用家更不只某單一身分的群體，也是社區中不同的持分者，因為社區設計的本意就是人與人之間的連結及其可持續發展。

正如題目〈創意設計對拾荒工作的重塑〉，而「拾荒工作」也並非單指拾荒者本身，如果把拾荒工作繪製出一個生態圖，你會發現所涉及的持分者之多，並非一般人眼中只有「紙皮婆婆」，當中涉及商鋪、居民、回收商、政府部門，及不同的道路使用者等。

所以說拾荒工作的重塑，是一漫長及浩大的工程，當中涉及不同的職業範疇，如社工、回收業界、志願團隊等，當然拾荒者的參與是關鍵，而設計師的工作，就是利用本身的職業專長，在各個位置中利用設計提供相應的解決方案，或促進事情向著目標發展。

如果說「重塑」，就必須理解「本來的模樣」，拾荒工作給人的觀感或理解是怎樣？當中實際的操作又如何？這就是一連串的調研工作，除實際的數據外，如拾荒者的數量種類、在全港的分布情況、回收價格等，另一面也有著非數字的重要理解，如拾荒者背後的故事及工作動機，回收業者的職業態度，甚或是一般市民對環保回收的意識及重視程度等，各方面的情感理解同樣重要，而設計者本身，甚至要親身體驗拾荒者的工作，來理解一些文字語言不能表達的經驗。

如果套用設計思維的方法去作重塑，首階段就是對情況有著「同理同感」（empathy）式的理解。正如上述提及回收工作涉及眾多持分者，這就不單是對拾荒者的理解，更可說是一整個生態圈的理解，所以設計師、社工、志願組織、學院研究隊伍之間的交流互動就非常重要，因為感性和理性上的理解都是必需的。

傳統的設計定義是「問題與解決方案」，所以「定義問題」，可說是整個過程中最重要的一環，不少設計的失誤，就是未能精準的定義問題。偽問題、方向錯誤的問題等，都會把設計導向一個偏差的解決方案，因此就是要問，為何要「重塑」？其目的意義何在？有這樣的必要嗎？而「本來的模樣」又有什麼問題？其前因後果又是如何構成？一連串的問題，就是依據上述的調研作為基礎，作出回應。

有做社會科學研究的朋友都會清楚，不少社科研究都容易墮入「預設的結果」這一陷阱中，即研究結果會傾向於研究者下意識的偏見中，例如我們總以為拾荒者是弱勢，得大多數人的同情，事實真的如此？又或是我們認為大家都有相當的環保意識，只是政府的回收政策不濟罷了，這又是我們正確的認知嗎？這些偏見往往會引導了調查研究的方向，也導致設計者未能精確的去定義問題，總而言之，設計就是一個尋找真相的過程。

定義了問題，便可構思解決問題的方法，專業的設計師是有不同的技巧去產出創意想法，而非設計師的持分者，一樣可以與設計師合作，而合作的過程中，設計師則需有方法去主持意念的產生，指導討論的方法，判斷意念的可行性，例如要構思「如何改善拾荒者的手推車」，不同人可有不同的想法，有人會提議用電力驅動、有人會提議改推為拉、有人會提議改用較輕的鋁代替鐵，或種種具創意的想法，但如何選取思考這些想法的可行性，繼而採納到新的設計中，這必需是一個理性邏輯的過程，需考慮當中的種種限制、權衡輕重及資源分配的問題，而整個構思設計的過程，就是讓大家學習如何集體去商議事情。

當然在整個拾荒工作的生態圈中，除了手推車這工具外，不同的環節部分都可引入設計，只要是針對所定義的問題便可，例如拾荒者的工作空間、支援及配套設施、針對不同回收物料的運輸工具、一套提升拾荒者安全意識的教材，一個配合市民、商鋪及拾荒者的互動回收系統、甚至是整個拾荒工作的觀念及形象改造工程等。

但這一切都不是單有想法便成，更需要實踐，而當中的設計亦需經歷不斷的重複嘗試 trial & error，不斷的改良修正，才會成熟起來，畢竟拾荒工作中的設計，是一種新範疇，不是建基於已有的設計品之上，當中不乏種種挑戰，例如拾荒者的安全意識及既有的工作習慣，大眾對拾荒工作的觀念，政策法例未能與時並進配合各方的需要等。

反觀整個設計過程，設計師不是在以往的商業範疇中只面對單一客戶，而是直接面對用家及不同的持分者，當中從同理同感，情感理性兼重的調研開始，指向發掘真相的問題定義，學習商議的集體創作過程，運用邏輯及實踐的判斷取捨，近觀是設計思維的運用，遠觀是公民教育的課堂。

筆者回應

認識嘉興過往的工作，也會了解到他也經歷了一次工種轉型的過程，由商業性質的設計，到以人為本的社會創新設計，服務對象由客戶變成社區中不同的持分者，什麼令嘉興在設計工作的生涯有這種轉變呢？相信當中的滿足感並不是由名利所帶動，而是與不同的人對話與連結是否他心中所渴求的，能一起改善社區某個問題或事情所帶來的意義，可能比起得到客戶讚賞更有價值。

嘉興很擅長「砌車」，不是汽車的車，是一些可在社區與市民互動的木頭 roadshow 車。估不到用幾塊木板就能砌出多功能的手推車，後來他用這些技術幫助拾荒者設計他們工作的手推車，打開了優化勞動群體處境工具的想像，現時他仍有協助清潔工友改良手推車。每一個創意設計的過程如嘉興所言都是 trial & error 的旅程，需要不停的試驗和修正，你永遠預計不到下一步的試驗會帶領你在設計上有什麼新的啟發，又或重要的問題。

就像改良拾荒者手推車的過程，嘉興用了兩年的時間與理工大學社區創意設計學院一同研發手推車的性能，當中有一年的時間將手推車給予拾荒者落地測試，後來因手推車尺寸太大不太適合街坊們在社區使用，便改良作一部尺寸較小的，街坊們很喜歡，也樂於在工作中使用。

可惜過了一段時間，所有手推車都被偷去，而根本原因是拾荒者沒有安全的儲存或停泊手推車的空間，他們只能夠用鎖鏈扣著、擺放在社區的行人道上。研發新手推車與拾荒者擺放和儲存空間之間的問題，仍需更長時間的觀察和研究。

這例子也正提醒著我們，每一種創意設計的背後需要反覆的檢討和反思，所有設計背後所產生的問題都要全面的構想出來。社創追求完善的精神，需要有推倒重來的勇氣和虛心向社區學習的態度，我們的社會同樣也需要不斷求變和虛心，才能力臻至善，創造更理想的社區。

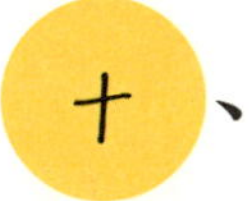

十、城市規劃角度

「從空間公義思考拾荒議題」

郭善潔 ｜ 城市規劃師

空間是生活的載體，公共空間是社區生活的載體。根據香港規劃署的資料，城市規劃的目標是「通過引導和管制土地的發展和用途，以塑造優質生活和工作環境，推動經濟發展，並促進社區的健康、安全、便利和一般福祉。」[103]換言之，城市規劃就是決定空間分配的其中一種方法。之所以說是其中一種方法，恰恰是因為在現實環境中，單單以塑造優質生活和工作環境、促進社區健康安全便利等原則作為規劃標準的個案，幾乎不存在。一個地方的政治制度、資本結構、社會文化，全部都對空間分配有直接影響。正因如此，一些在政治、資本、文化領域都沒有影響力的群體很難爭取在空間使用上的話語權。沒有空間，日常生活中的任何活動都無法持續地開展。所以當我們探討貧窮議題時，空間分配是一個必須要被提及的角度。

筆者從2015年開始於關懷貧窮學校舉辦的「呼吸社區：社區同行導賞員訓練歷程」以導師身分帶領參與者從空間角度閱讀社區脈搏。我與學員們遊走於幾個舊社區：油麻地、大角咀和土瓜灣，一同見證在市區重建的影響下社區空間迅速消失，於其中生活的人和事亦隨著重建後出現的士紳化（Gentrification）[104]現象被淘汰。曾經是街坊聚腳點的小公園清拆了，三五街坊聚首的涼茶鋪結業了，整個社區變得人面全非。

拾荒長者們就是在這城市發展洪流中掙扎求存的一群。從城市空間的角度看，他們在所剩無幾的公共空間夾縫中生存——在消失於大眾目光的後街窄巷，以「走鬼」形式暫借一些公共空間將收集到的廢物分類處理，再售予回收商賺取微薄收入。這樣的暫借空間還是非法的，一經發現，執法部門有權扣留和充公手推車及其上所有物品。拾荒長者本來就是社會上的弱勢群體，為基本生計還要面對如此嚴苛的生存空間，從根本上就是處於一個被壓迫的狀態。

美國城市研究學者索雅在2009年提出空間公義的理論，即公平和公正地分配具有社會價值的空間資源和使用這些資源的機會。要達致公平公正地分配社區空間，必須通過多元化的參與式社區規劃，讓空間使用者（包括拾荒長者作為社區的一分子）進入設計建造過程，聚集不同團體與利益，交流資訊、降低彼此歧見。透過一個由下而上的規劃過程，達致社區充權和公民治理，從而在規劃及計劃執行上達成共識。

拾平台的出現，正正凝聚了各界人士從不同角度研究拾荒議題，並構思改善方法。拾平台於2018年與理工大學賽馬會社會創新設計院合作，希望以參與式社區規劃的方法設計拾荒長者友善的社區。團隊從作業空間、儲存空間及通行空間等方面分析拾荒長者的空間需求，並曾經構思過社區空間共享、由非政府機構營運拾荒者作業空間等多個實驗方案，但最後都因可行性不足而沒有實施。畢竟在沒有政策及資本支持、單靠民間倡議的情況下，哪怕是改變一點點的公共空間都來得非常困難。

縱然計劃最後演化成為拾荒長者改良手推車，但在這個過程中所有的建議、分析、思考、以至於與社區展開了的對話，都是彌足珍貴的嘗試。若然社區在充分了解拾荒議題後，認同拾荒者有其存在的需要與價值（無論是從推動環保回收、長者就業或是其他角度），日後可望透過參與式規劃反映在空間設計、使用及管理上。這個過程著重建立的不單單是讓民眾參與設計，而是建立社區與空間的關係，是日後公義地使用社區空間的關鍵。雖則這個制度現在看來好像不合時宜，但我相信《拾荒的人——香港拾荒者勞動紀實》詳盡記錄了不同人士在拾荒議題上曾經付出過的努力和經驗，都會成為日後同類型倡議的養分，讓我們距離拾回尊嚴更近一步。

筆者回應

作為一位城市規劃師，Kate（善潔）在教學講解和研究議題的論述過程，將自身專業知識的經驗毫不吝嗇地分享，感謝她多年來對我們的支援，由關懷貧窮學校到拾平台的同行，給予我們寶貴的意見，以及在倡議路上的提醒。認識城市規劃，令我們意識到一個社區的設計，當中每條街道、每幢建築物，甚至居住的市民，種種背後都面對著規劃動機而來的影響，又或者說本身我們的生活方式與形態，根本就是處於被動的狀態，是完全取決於一個怎樣被人設計出來的社區。

拾荒者面對著城市規劃中的潔癖化和社會排除，就像我們所認識的無家群體、晚上擺二手攤檔的夜墟商販一樣，他們都是被社會邊緣化的群體，主要是因為他們的出現與存在有違主流社會秩序的日常運作，亦與公共空間的運用與功能有關。規劃文件上的文字寫得再美好，也掩蓋不到由權力所控制和定義空間的矛盾，原本協助市民回收廢棄物的人竟然不能夠在公共空間進行回收分類？協助本地回收業創造經濟價值的拾荒者竟被趕絕於街頭？拾荒者是社區從事回收工作其中一個載體，背負著我們不願意做的髒活，為何不能夠得到社會的尊重？難道只是因為他們沒有被納入主流體制的一部分？

現時在政府內部仍未有對拾荒群體權益討論的空間，一來拾荒者處境所牽涉的政府部門太多（勞工署、社會福利署、食物環境衛生署、環境保護署和路政署等），在行政架構上要進行溝通或合作困難重重，要在公共地方提供回收空間給他們難上加難；二來拾荒者是參與回收業的勞動長者，卻不被納入主流論述的勞動群體，勞工署也沒有定義其回收工作。公共空間有可能只容許已被制度所認可的群體使用，被排除以外的人便需要面對被針對和趕絕。

雖然我們並不能在短時間內改變體制對拾荒者的看法，更難以去商討有關提供公共空間予拾荒者的可能性。拾荒者是否可以繼續存在於社區、公共空間的討論，我們都沒有答案，我們只知道拾荒議題的論述和公眾教育，仍然能夠存在於公共空間，需要不斷傳遞關注拾荒者權益的資訊，讓更多人仔細理解拾荒者的處境、主動關心他們所做的事情，令拾荒群體感到被尊重、被認同，有尊嚴地繼續存在於公共空間內，這正是我們需要堅持研究拾荒議題的原因。

十一、全球視野角度

「回收友善空間的可能性」

蘿蔔 | 全球化監察研究員

關於拾荒者所面臨的社會、政治和經濟排斥的論述，已經被廣泛討論。最近，拾荒者受到的空間排斥也逐漸受關注。拾荒工作包括拆解、分類和堆疊紙皮，均需要時間和空間。然而，拾荒者很難在他們所在的社區找到安全且足夠的空間來處理他們的回收物。[105]「拾荒者福祉關注組」2023年的《全港拾荒者調查研究報告》顯示，17.7%受訪的拾荒者曾因被指「阻街」而遭食物環境衛生署（後稱食環署）官員驅趕；3.2%受訪者曾因利用公共空間儲存回收物而被罰款；10.9%曾被沒收財物。[106]由於公園、人行道和其他公共空間均不允許拾荒者使用，許多人只能在後巷工作，或不得不與執法部門「走鬼」，以免受罰。[107]

為什麼現在的公共空間對回收者不友善？

拾荒者受到空間排斥，是因為他們被認為是在本應「乾淨」、「進步」的都市中從事「骯髒」的工作。自1970年代以來，政府一直把垃圾和垃圾處理工作與香港的文明、現代大都會形象處於對立位置，[108]所以近年也努力追求同樣「文明」、高效率、現代化的方式來讓固體廢物視而不見。回收作為處理廢物的一種方式，也需要同樣的優化。因此，政府對回收分類和收集工作的要求也向「乾淨」、「進步」出發。回收系統越來越被能呈現這種觀感的「綠在區區回收便利點」，以及擁有足夠資本和技術跟上香港乾淨、綠色、現代化的步伐的大企業（如碧瑤等）主導。由於拾荒者和小型回收店的廢物處理模式屬於低科技、美感度不高，工作時甚至會令廢物的存在更為明顯，所以，儘管這些回收工作者的確為企業和政府提供零成本的廢物清理服務，他們也被標籤為應該與垃圾一同被消失的東西。香港對進步、清潔、綠色都市建設的渴求卻掠奪了拾荒者和其他回收工作者在城市裡面運作的空間，令他們越來越容易受到傷害、騷擾和驅逐。

拾荒者的空間排斥不僅限於香港。據全球拾荒者聯盟的報告，金邊的拾荒者也因為市政府追求現代化、華麗、清潔的美感，被禁止進入城市的某些地區工作。[109]在哥倫比亞波哥大和印度艾哈邁德阿巴德，政府為了提高衛生標準和效率，聘請外判商設置和管理智能垃圾桶。這些垃圾桶大大降低回收物的可及性，迫使拾荒者去更遠尋求回收物，工作更長時間，才能維持生計。[110]在鄰近的台北，當要進行都市更新、捷運建設等大型工程時，被視為髒亂、不美觀的回收場就會被逐出社區。拾荒者並被迫走出自己熟悉的社區，穿越車流量大或推車難度高的道路，將回收物運送去更邊緣的地方。空間排除令到拾荒者的進入工作環境更危險，工作時間更長，花費的心力和身力來避開執法部門更多。[111]這是一個跨越國界的問題，各國為了提升城市的公眾形態而主張高速發展。這包括更新廢物基礎設施、公共空間和服務，而這主要是為少數大財團利潤而設的。

如何創建回收友善空間？

探討如何建立對拾荒者友善的社區空間的一些倡議和願景已經存在。拾平台曾提出，如果不同政府部門合作，於社區保留一些空間，如天橋底、棄置公地、垃圾站旁邊的空間，讓拾荒者工作或放置工具，這將大大改善社區對拾荒者的空間包容性。[112]儘管該建議尚未獲得政府的接納和實施，但信義會等民間團體已自發推動類似的項目——如《拾連》，通過組織友善企業、市民和團體，建立一個支援拾荒者的社會網絡，以達致回收友善社區。[113]

正規化也是拾荒者受空間排斥問題的解決方案之一。譬如，香港理工大學的《騷 · In · 廬》計劃於2020年設計了一個「社會共融性廢物處理中心」，重新想像垃圾收集站成為社區空間的可能性。「社會共融性廢物處理中心」設計包括正式雇用拾荒者進行回收物分類和清洗的回收中心，以及一個不受監控或騷擾的休息空間。[114]隨著「綠在區區」的擴張，社會內也出現討論，探討能否將拾荒者正式納入這些受政府資助的「回收便利點」，成為該便利店的環保大使或「分類專家」。

然而，雖然將拾荒者正式納入社會共融性廢物處理中心等基礎廢物處理設施可以減輕他們被驅逐、因被控「阻街」而受罰或手推車遭沒收等壓力，但由於這些空間仍處於一個由私人承包商主導的垃圾處理體制內，可能還有問題需要處理。按國際經驗，印度艾哈邁德阿巴德的回收系統正規化後，拾荒者的招募、管理、工作條件和福利交由外判商負責，他們反而在新開放給他們的回收空間受到更多的剝削、侮辱和壓迫。[115] 此外，正規化的回收空間，雖然會更包容拾荒者的存在，但這種存在往往受到多種規範和限制。美國城市規劃教授特格（Jennifer L. Tucker）與阿南塔拉曼（Manisha

Anantharaman）觀察到，當一個非正規行業被正規化，當中的工人在新的工作環境內經常無法向公司表達異議，一切基礎經濟體系的批判思想被禁止。工作空間也常帶有不言而喻、排他性的行為守則。[116]

那麼，回收友善空間如何實現呢？依我們來看，實現這些空間的可能性不取決於將拾荒者納入現有的新自由主義廢物和城市規劃體系中，而是從這些體系中奪回主導權。主導權可以通過直接行動奪回。在巴西，拾荒者運動「Pimp My Carroça」中的藝術家使用塗鴉，在街道上為拾荒者建立停車空間，並修改了車道的使用權，讓拾荒者在自行車道上推車。[117]這些行為挑戰了公共街道應當「乾淨」及只被車輛、行人和消費者使用的想法，並將街道重新佔據成為可以工作的空間。全球拾荒者聯盟則通過堅持要求政府開放政治空間，並提出替代方案：將以大財團為中心的現有廢物收集、運輸、儲存和商業化模式替換為以拾荒者需求為中心的模式。[118]如今，在直接行動和政治參與均受限制的香港，我們也許可以從社區層面開始，尋找和發展替代方案，展現拾荒者、清潔工、地區回收商也可以有效維持及支撐集體社區生活的關鍵棟樑，而不需要把技術官僚政府及外判商掌控的「高端」回收系統視為唯一可行的廢物管理方式。

筆者回應

如果要選全能的 freelance slasher（自由工作者），絕對非蘿蔔莫屬，懂研究又能翻譯，獨立批判同時亦關心社會，願意幫助別人也同時分享能力，感謝蘿蔔一直以來在拾荒與回收的議題上與拾平台同行，在文字工作和國際研究層面幫助了我們很大的忙，視野擴闊至全球拾荒議題的論述中，讓我們不再做井底之蛙。當我們現在才討論拾荒者是社會非正式主流體制中的工友，別人已為到自身權益奮鬥爭取了十多年；當我們還在研究回收空間的可行性，別人已從合作社和當地政府合作，為拾荒者的生存空間訂立協議；還有的是我們的拾荒者每天仍然是以收集紙皮為主要收入，別人已參與政府塑膠回收的項目。

我們常說政府的環保政策落後別人二三十年，其實我們認識拾荒者的事情也不多，這可能是過往我們將長者所帶來的社會問題歸究於貧窮、健康等原因，我們認識到要處理長者的問題必然是關於社會福利的事，必定是社會分配資源的不足夠，卻忘記了長者也需要有生活的尊嚴，有選擇工作的權利。蘿蔔在文中提及到提供回收空間給拾荒者的可行性，建議從社區層面出發，不需要跟隨主流體制那種廢物管理方式去想辦法，反而尋找社區資本的在地性，邀請不同的持分者去建立友善網絡和回收空間。以下兩個例子是一個好的參考：

信義會曾經推動的「拾連」計劃，是一個嘗試建構友善對待拾荒者的社區，計劃同事在北區尋找能夠友善對待的商鋪，希望他們在鋪內提供飲用水或急救箱等設備（當時有10間友善商鋪參與），另外容許拾荒者短暫佔用鋪門前的空間進行回收工作。並且邀請拾荒者成為環保大使，在街頭擺設街站推廣公眾認識環保回收教育。[119]這計劃在硬件上的地區工作已經成型，只要繼續發展下去必然可以擴大友善商店的網絡，雖然計劃已完結，但仍留下寶貴的經驗，待日後有人能繼續實踐。

理工大學賽馬會「騷・in・廬」社會創新設計學院在推動項目中設計了一個「社會共融性廢物處理中心」，[120]這是一個能夠連結社區不同持分者的大型垃圾處理和回收分類中心，清潔工友與回收分類員可嘗試在當中分工合作，同時能夠提供兩者一個友善的工作和休息的空間，可考慮聘請拾荒者成為回收分類員，給他們多一個工作的選擇。當友善對待的元素能夠在社區產生，公眾對拾荒者的接納程度會相對地增加。

這種友善社區的實踐和回收分類中心的想像，兩者結合起來有可能會令社區回收變得更親切，較容易接受和提高普及性，再加上政府正積極籌備推展塑膠飲料容器及紙包飲品盒生產者責任計劃，現正進行相關法律條文的草擬工作，並計劃稍後將有關《產品環保責任條例》的條例修訂草案提交立法會審議。[121]當相關法例推行後，在本港售賣的單次性 PET 塑膠飲品容器將有其押金或回贈金額，因而具有其法定的回收價格，而拾荒者除了有多一種回收物料可收集外，將可更有效地加強其協助回收工作的角色和貢獻。與此同時，社區設立「友善回收空間」對拾荒者更有相應的需要及迫切性，以提供收集、整理、暫存及物流的運作空間，手推車在道路使用的幅度和頻率亦將更提高。

有見及此，假設配合政策的推行，回收業界有可能需要大量的回收分類工友，從事環保回收的回收商或社福機構，可嘗試聘請拾荒者成為回收分類員，協助綜合分類回收物，令拾荒者有多一個選擇，可以在安全的室內工場工作，減少在街道上進行回收工作時會遇上交通意外的風險。回收空間是實現友善對待社區其中一種方式，它需要有更多不同的想像去實踐出來，這個實驗仍然繼續努力地進行當中，且看未來還有什麼新的嘗試能夠實現於社區？

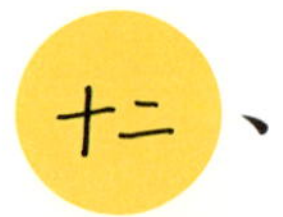

十二、光影與藝術的角度

「黃姐」

任俠 | 導演

他朝君體也相同

香港人口老化問題嚴重，計到2050年，每七名港人當中就有一人是80歲或以上。同時，早於2016年，香港堅尼系（Gini Coefficient）數已錄得0.539，創了45年新高，貧富收入差距大幅拉開至44倍，並越趨嚴重。在這亞洲國際都市，每天在名牌林立的街頭，均可見到一個個老人弓著腿、彎著身，推著鐵皮車在店鋪外撿拾被棄置的紙皮箱，綑成一大把推往回收鋪販賣，只賺那三數十元……

這是在籌備關於拾荒者的電影的故事大綱開頭。電影概念緣自2017年一位靠做清潔和拾荒為生的老人朱婆因在中環碼頭執紙皮，有外傭向她拿紙皮作坐墊，然後給她1元，就被食環署職員控告她無牌販賣，引起全城公憤的事件。

在大綱開頭我們看見道理、數據、現象和符號，唯獨看不到人。事件過後，大家批評政策和公權力，卻鮮有人問為什麼如此多香港人在晚年會選擇需要大量體力、長期處於惡劣環境、薪酬福利沒有保障，甚至遊走在法律邊緣的拾荒作為職業。

電影是關於時間和空間的藝術，拾荒也是和時間空間有關的職業（其實在香港有什麼是和空間無關的？）。拾荒者們要早出晚歸，在店鋪開門前和關門後去取紙皮；也需按能力和居住所在地去開拓自己的拾荒地盤，養成店鋪會把紙皮留給他們的習慣；更要熟悉同區拾荒者的地盤，河水不犯井水，以免起衝突；同時了解當區回收鋪的價格，知道去哪家能賣得最好的價錢而不會被「呃秤」（缺斤少兩）亦是必要的專業知識。以上種種都讓拾荒變成不是今日決定執紙皮，明天就可以開工的專業。

最簡單，拾荒用的手推車從何來？除了買，其實還可以借。因為買輛新車要近五百港元，二手最便宜也要二三百元，對很多靠拾荒為生的長者來說太奢侈。為省卻進入工業所需的基本成本，很多長者會向回收鋪借手推車。但正所謂「有辣有唔辣」，一旦你向特定回收鋪借了車，就等於和那家店鋪建立了契約，就只可把拾荒所得出售到那裡。這意味就算那家回收鋪「呃秤」，收購紙皮的價格和其他回收鋪有落差，也只能忍受，而手推車在拾荒群體中又長期是供不應求的剛性需求，便造就了回收鋪剝削拾荒者的條件。

所以俗稱「執紙皮」的拾荒其實有著環環相扣的複雜生態，而環環相扣中，人始終最關鍵。因此這篇文章希望把拾荒者還原為一個獨立的人，但主角不是在2017年「一元紙皮事件」中的朱婆，而是我在為籌備電影作資料搜集期間通過「拾平台」（關注拾荒者的香港NGO團體）認識，到最後決定以她作為電影的女主角直接拍攝關於她的故事，在上水拾荒的黃姐。

我對黃姐的第一印象是2019年參加拾平台舉辦的真人圖書館，她當時作為嘉賓，分享自己的拾荒生涯。那時的最大印象是這個阿婆很愛講話，一直喋喋不休，好像恨不得在個多小時的分享裡把自己的一生全部道盡。

接下來就是參與理工大學共創回收工作手推車的宣傳短片拍攝，拍攝黃姐的那天我因事缺席，但在剪接階段回看黃姐的素材，她是幾位被攝拾荒者中身材最嬌小最靈活也最能言善道的。若香港拾荒者組成如丐幫般的幫派，黃姐應該不用習得打狗棒法便能當選首領。

2019是黃姐曝光率極高的一年。街頭常常看見她，不只拾荒還有遊行；電視能看見她，拍她娓娓道來自己的拾荒生涯，平時喜歡看電影喝咖啡，對生活質量絕對不是無追求；電台能聽見她，仗義地為拾荒者的拾荒空間以及長者再就業兩個議題發聲；黃姐甚至還出現在立法會，控訴香港社會存在極嚴重的職場年齡歧視，甚至發出福利局局長羅致光欠她一個道歉這種震耳欲聾的吶喊。拾平台負責人阿謙（鄧永謙）笑稱這年簡直是「黃姐年」。

然後黃姐又參演了電影《狂舞派》續集《狂舞3》。在阿謙口中，黃姐甫完成試鏡就成了導演黃修平的心頭好，在片場也彷彿有多年演出經驗，無論對白走位都牢記於心，一點就明。完全沒有一般素人長者演員因記憶力問題，要把對白拆開逐句拍攝的問題。因此在拍攝《少年》一場因躲避手推車而引起車禍的戲分要尋找適合的拾荒者作為演員時，馬上就想起黃姐，可惜最後因為預算問題，戲被刪除，但也隱隱種下錯過了兩次，無論如何也想拍一次黃姐的心願。

2023年，阿謙偶然提起想籌拍黃姐的自傳式電影，問我有沒有興趣參與。無獨有偶，因輿論風波，我要用完全獨立的姿態去拍攝由2018年已開始籌備的關於香港拾荒者的電影。突然覺得，是上天安排這部電影找到真正屬於自己的生命，便大膽地向現在的監製和阿謙提出把兩個項目合併，不用職業演員扮演拾荒者，直接由黃姐出演主角，用極簡、半紀錄半戲劇的形式拍攝這部關於紙皮婆婆的電影的想法。

這種拍法，講求實感，首要是徹底了解黃姐。不幸，已年屆七十五歲的黃姐因腳水腫無法步行需要住院，整個龍年農曆新年都要在醫院度過，之後更要住進療養院療養。於是交流只能在醫院探望黃姐時發生，而醫生不讓黃姐落地，了解就是聊天。躺在病床上的黃姐表達欲更強，打開話匣子便一發不可收拾。更厲害的是，黃姐可以每個話題之間無縫銜接，若不強行插入干預，隨隨便便一聊就是三個小時根本沒難度。

仗義每多屠狗輩

她由未夠二十歲就進入醫院做醫護助理講起，說因在探病時覺得病房內的阿姐大多都不夠盡責，很多病人的需求得不到滿足，覺得自己也能勝任這份職業，既能幫人又能賺錢。黃姐是一不做二不休的實幹型，這份工作一幹便超過四十年，做到退休。沒想到晚年老無所依，中間關於黃姐的一些私生活不便透露，在此略過。因為和家人的矛盾導致沒有交租公屋被收回，倔強的黃姐便露宿在北區大會堂附近公園，也做過麥難民（指無法負擔房屋租金而被迫於夜晚寄居於二十四小時麥當勞內的人士），露宿的生活一過就是五年，直到近年在社工的幫助下才重新申請到公屋。

做麥難民時黃姐曾借錢給一個以走水貨為生叫金毛的江

湖人士，因為當時金毛終於被一份長工聘請，需要錢存入銀行開戶口用作出糧。

聽到這裡我首先是覺得黃姐被騙了。

金毛説會逐月把欠債還清，出糧時也會幫黃姐加餸或請她食飯。更有一次，黃姐拾得的一車紙皮差點被食環清潔人員以阻街為名推走，幸得金毛出手才保得住一天辛勞所獲。

二人一度被其他露宿者以為是一對，但黃姐強調他們是講義氣的「兄弟」。作為一個香港人，多少有點犬儒，我最緊張的還是金毛最後有沒有還清欠黃姐的債，黃姐搖搖頭(看！這不就印證了我的預感)。金毛在借錢後幾個月突然有一日猝死了，黃姐慨嘆：「這樣就沒了一個好友。」

會為要用五百元買輛新手推車感到肉痛的黃姐，那刻卻一點也不在意那收不回來的幾千元。

一生何求

黃姐喜歡看電影更喜歡看電視，與眾不同的是她喜歡看亞視，她喜歡的演員也與眾不同，是劉錫賢(最近的演出是在電影《正義迴廊》中扮演影射蕭若元的電影監製)。更曾參加亞洲電視台舉辦的韓劇《女人天下》馬拉松觀影問答活動，還差一點就獲得冠軍，而她是全場年紀最大的參賽者，由此反映黃姐的記憶力超群，所以拍電影記對白對她來說根本只是小菜一碟。雖然亞視已結業，但黃姐沒有因此脫節，她轉投 ViuTV 陣形，更開始追星。Mirror 的姜濤和 Anson Lo 是她的最愛，說覺得他們年紀輕輕就能歌善舞，成就非凡，很替香港的年輕人感到高興，所以每次有朋友到醫院探望，她都希望來者能帶上一本娛樂雜誌，好讓她尋找偶像的身影。黃姐非常討厭 TVB，原因是她討厭一切獨裁壟斷的機構。在療養院居住時，因為餐廳和公共區域內的五部電視都是播放 TVB，她便向護士投訴，希望能起碼有一部電視能播放其他台，因為選擇是人權，住在療養院內的長者雖然生活不能自理，但仍然應該有選擇的權利。

到這裡，黃姐也許已顛覆了各位對紙皮婆婆年老弱勢，只求生存沒有生活的印象。

黃姐最近已出院，回到獨居的住所。我問她，現在行動沒有以前方便，還會繼續拾荒嗎？她點頭，說因為自由，而且拾荒者是都市環保不可或缺的一部分，起碼對香港來說。我非常認同黃姐的觀點，他們的存在，比很多不切實際、朝令夕改、官商勾結的所謂環保政策實際多了。

幾次探望後，我發現「硬淨」的黃姐總是由我們來到那刻就開始害怕我們離開，所以才試圖喋喋不休用盡一生的經歷把我們留下，這種不安是來自長期的孤寂。看著她，我總會不自覺想像自己年老時的模樣：我會像黃姐那樣，年老時既驕傲又脆弱，既獨立又寂寞嗎？

到底一生何求？我沒有答案，唯一肯定的是他朝君體也相同，我們都會老。

筆者回應

筆者認識任導，是從2018年他開始籌備拍攝關於拾荒者為題的電影，誰不知他遇上商業上的糾紛，阻延了他的拍攝進度。期間更知道他想成立編劇工會，分享到很多編劇完成工作後都拿不到錢，或遭到業界剝削，那時我才認識到製作電影也有其不公義的問題存在。十分欣賞任導的是，他不是只說不做的人，並且坐言起行，對社會問題有著批判獨到的見解，是甚有火氣的人！特別深刻的是，他每樣事情都會親力親為，為了要搜集更多有關於拾荒者的處境資訊，他會主動落區和街坊做訪問，也參與我們不同的教學活動，務求從不同角度去理解拾荒者。

任導說起邀請了黃姐拍電影，令我也想起有次與黃姐在街上撞上星探的經歷。有天我和黃姐一同前往回收鋪秤回收物時，有位電影公司的職員在附近，他正想找一位合適的長者能夠在電影中擔任拾荒者一角。當我們準備離開時，電影職員走上前問黃姐：「請問你係唔係拾荒者？」，然後我們就上了電影公司試鏡，這套電影便是《狂舞派3》。果然，黃姐作為一位很愛看電視、電影的人，對電影真的不陌生，所以黃姐一上場 roll 機就很順利，演繹純熟，完全不覺得這是她的第一次。到電影上畫時黃姐出席首影禮，有觀眾稱讚她，說這個角色演得十分神似，這當然了，因為黃姐正是演繹自己吧！筆者意想不到能夠陪同黃姐經歷一個精彩的晚年人生，由「麗的電視百科全書」到無電影不歡，現在竟能夠嘗試做一位演員，可以用光影藝術去訴說人生。

黃姐是一個傳奇，她也是影響著我一位十分重要的人物，是黃姐讓我更立體地認識到拾荒者的日常，以及他們的想法，也是因為她，讓我更明白到長者晚年的生活與心態，黃姐一生的經歷也是甚具戲劇性。起初認識的她只是在街上露宿的拾荒者，但她不會因為自身的處境而變得脆弱，說起來她也是一位蠻正義的人，對自己或別人所遇到不公平的事情會抱不平，對社會時事的熟悉感到意外，而且很有自己一套的見解。所以造就了她成為第一位進入立法會為拾荒群體發聲的人，她的說話不卑不亢的，很有說服力，由她口中說出拾荒者的處境和心聲，字字鏗鏘有力，擲地有聲，你會明白到無能者的大能（the power of powerless）就是如此有力量，如此震撼。也是因為她的正義之聲，令筆者提起了勁兒做倡議權益的工作，更加希望為拾荒者充權，想方法讓他們的聲音被聽見。

第三部分

從國際視野看拾荒議題

根據國際拾荒者組織（International Alliance of Waste Pickers）於2009年至2013年期間，由 WIEGO[122]委託進行了統計研究，集中搜尋世界各地的拾荒者組織與從業人數，整合成一個龐大的全球拾荒者數據 WAW（Waste Pickers around the World）。他們持續地將所有不同的數據整合，並盡力令所有的資訊，能夠讓公眾和拾荒者易於理解和掌握。組織認為由於拾荒者是非正規經濟中的工人，在多個國際勞工組織的數據顯示，他們只佔城市人口的1%。而且他們亦不會被納入各國的官方統計數據，因此 WAW 數據庫的產生，能夠協助全球的拾荒者組織彼此了解，加強聯繫的能力。[123]

據 WAW 數據庫的資料顯示，全球有關於拾荒者的組織有427個，由拾荒者組織的團體有114個，有被拾荒者組織記錄的拾荒者人數約393萬。其中數據庫將其資料分類為五個地區，分別是亞洲、拉美、非洲、北美和歐洲。[124]三百多萬的被登記的拾荒者中有96.7%是來自亞洲地區，從組織登記名冊中可見，印度尼西亞的雅加達（Jakarta Timur, Indonesia）佔拾荒者人口是亞洲地區中最多的，約佔370萬拾荒者人口，其次是印度新德里（Ahmedabad, India），約7.2萬人口。[125]從搜尋印度尼西亞最多拾荒者登記的組織——HUT lkatan Pemulung Indonesia 中可見，他們組織已成立

32年，組織運作和發展都非常活躍積極，成員以街上拾荒者為主，也有受雇的拾荒者和一些幫助他們的組織等。他們的目標是組織拾荒者以爭取權益，使他們有尊嚴地能夠獲得更多土地權利和衛生工作空間的保障。在2023年初的報導可見，他們在國內不同的城市簽訂了合作協議，確認拾荒者為勞動市場其中一種職業，以保障他們的生計。[126]

除此之外，在不同地區的拾荒者組織都盡其努力為拾荒者爭取權益，或持續與地方政府周旋於勞工政策如何能有效保障拾荒者的權益。我們嘗試將其分類為亞洲地區和拉丁美洲地區：

亞洲地區

中國

國內對城市推行垃圾資源化回收的要求，就是要達到專業化、市場化和規範化。而對拾荒者和其行為均採取默許運作及期望能夠將其「規範化管理」，但未有在其工作處境上進行任何支援與幫助。2009年發布的《強制分類政策背景下拾荒者與城市生活：垃圾回收處理體系互動的關係》研究報告中指出，國內現時推行的垃圾政策分類的要求下，居民已可直接將回收廢品售賣給社區再生資源回收點，無須與拾荒者交易。這措施無疑威脅到拾荒者的生存，他們會因找不到有價值的回收物而失業。不過報告建議可嘗試將拾荒者納入名為「社區保潔員」的工種內，他兼具了「正規體系」與「非正規體系」兩種角色，既可從事垃圾處理工作，又能利用工作的便利獲取回收物進行售賣。若運作成熟更可組織拾荒者，授權予他們自行操作管理廢物處理回收分類系統，而上海已有制訂關於拾荒者管理以及可回收廢棄物回收處理的相關嘗試。[127]

菲律賓

菲律賓政府通過《生態固體廢物管理法》（2001）以禁止在垃圾場撿拾垃圾，除非該場地的經營者同意，但同時也鼓勵拾荒者組織合作社融入固體廢物管理系統（正規化）。[128]馬尼拉和奎松市均有拾荒者組織，現時於馬尼拉首都有17個城鎮已成立了合作社。例如：馬尼拉婦女共同成立了拾荒者與回收商人的合作社「Linis Ganda」計劃。計劃中，拾荒者有固定的拾荒路線從家庭和學校購買可回收物品。合作社可以從菲律賓工貿部和銀行獲得低息或無抵押貸款。Linis Ganda 計劃在不久的將來會開展農務堆肥的事業，並藉著從市場和屠宰場的廢物中收集沼氣成為再生能源。[129]

柬埔寨

拾荒者沒有得到國家認同和支援的回應，只有部分組織為拾荒者的家庭提供食物和個人防護裝備。組織就廢物收集和分類、堆肥和管理收入對拾荒者進行培訓。在貧民區組織垃圾收集和堆肥教學。他們的兒童會從私人診所收集廢物。此外，為了聲援對垃圾堆填公司進行罷工的垃圾工人和司機，拾荒者組織之一「CSARO」組織了拾荒者，讓他們在已外判給一家公司管理49年的地區工作。他們亦進行了一項研究，以確定拾荒者的基本需求。除了倡導教育、健康、住房和更好的薪酬之外，CSARO最初還建議為拾荒者創建多用途中心。[130]

印度

有24個拾荒者組織和1個已有20年歷史的工會：「Kagad-KachPatra Kashtakari Panchayat」。組織的主要目標包括：倡導對拾荒者和非正規拾荒者的認可，改善拾荒者的生活和工作條件（如：反對對垃圾的消極態度、私有化，及當局的騷擾，並要求提供政府資助的社會保障予拾荒者，包括養老金權利）。[131]

孟加拉

「孟加拉國拾荒者聯盟」[132]一個由一群女性拾荒者組成的組織，主要目標包括：

爭取確立他們作為廢物管理和環境工作者的「工作權利」，並通過工作就業建立他們自己對正式從事廢物管理相關工作的需求，將廢物管理工作承包給他們在城市廢物管理系統（MWMS）中的合作社，承認他們在促進城市環境和國民經濟方面的貢獻，並為拾荒者的可持續生計鋪平了道路；爭取政府支持，為拾荒者子女安排教育機會和健康服務；考慮到拾荒者對國民經濟的重大貢獻，要求為拾荒者提供無條件的現金轉移支持和適當的社會安全網計劃；建立需求，由政府環境部門、衛生部門、地方政府部門、市公司和市政府安排包括在垃圾收集車生活的非正規拾荒者提供職業安全設備，並對拾荒者進行職業安全培訓，以保護廢物處理過程中的廢物收集者；向政府提出要求，以便政府安排回收技能培訓，向拾荒者和廢物貿易商轉讓適當的技術，以促進安全和可持續的選擇，並向微型企業家、拾荒者合作社提供贈款和貸款，以促進綠色商業，即促進體面工作和可持續城市的回收活動。[133]

拉丁美洲地區

阿根廷

有3個拾荒者組織。實施「零廢物法」的一個關鍵策略，就是開設由拾荒者合作社管理營運的資源回收中心。「Cartoneros」合作社擁有近2,500名成員，其使命為：「我們努力使我們的拾荒工作合法化和正規化，以便在『被納入』或『被排除』的工人之間沒有分野。這樣所有的Cartoneros都擁有相同和不可剝奪的權利，可以有條件地開展我們的工作，包括可能爭取有退休金、勤工獎金、工作轉型、職業健康和安全的可能性，以及獲得使我們能夠增加可回收材料數量的技術，以便發展成為一個更具社會和生態可持續性的國家。」[134]

智利

當局會為拾荒者提供安全工具、三輪車或電動車輛，以及回收空間（土地、停車場、屋頂）。拾荒者可以通過社交網絡或公共托兒系統獲得托兒服務。拾荒者能夠擁有身分證和制服，亦有使用垃圾收集車的收集時間表和區域，在指定的區域和時間表來進行分類回收的工作。智利環境部發布了「2016至2020年包容拾荒者的政策」，當中包括一項工作計劃：旨在通過培訓和證明拾荒者的勞動技能，以及作為授權廢物管理者的正式參與來促進融合（為此設立的單獨基金）。一些拾荒者的合作社正在努力提出創新理念，希望從廢物中獲取增值物品，而不僅僅是將其作為原材料出售，就像從機構收集石油到加油車一樣。智利全國拾荒者協會正在敦促各組織和個人來支持他們對社會保障的需求。[135]

墨西哥

墨西哥城已經承認「垃圾分類」和「垃圾收集」的拾荒者的工人身分。這些工人有資格獲得他們應得的公共資源。但是認可身分需要通過推薦才能完成，而推薦不具有約束力。「SOCOSEMA」是一家成立於1975年的回收合作社，與墨西哥回收業界有良好的關係。組織成功獲得了拾荒者在華雷斯垃圾場可收集回收物的權利，以減少中間的人手成本，並增加拾荒者的收入。同時為拾荒者提供組織成員、培訓課程、醫療保健和法律保護等支援工作。[136]

小結

從國際視野去看拾荒議題，會發現不少拾荒者組織都成立於發展中國家。而參與拾荒回收工作的人口龐大，足以影響國家經濟收入，所以他們的組織與政府部門反映問題與表達訴求時，都具有很強的議價能力。他們甚至有能力與當地政府進行訂立保護拾荒者政策的倡議工作，讓當地的拾荒者群體能在工作的各個細節都受到關注，有些拾荒者的家庭成員亦同在友善的政策中得到保障。本地拾荒者群體與其他國家有一個明顯的分別，香港的拾荒工作傾向只由一群年老的長者擔任，其他國家則除了長者從業員，也有較年輕的個體回收商與家庭形式經營。按照很多國家的法例，拾荒者已獲得認同，且被理解和定義為一種工作，並在回收政策中得到適度的支援。

2022年全球化監察組織曾舉辦「亞太地區拾荒者與拾荒者與拾荒者組織研討會」，[137]與印度、印度尼西亞、中國和台灣等地的拾荒者組織交流經驗。明顯地，印度與印度尼西亞的拾荒者組織發展已有一定規模，在組織工作和與政府遊説工作已相當成熟。而中港台三地的拾荒者議題則仍在起步摸索的階段，尋找最適切的方案對應拾荒處境和拾荒者的需要。以上所提及的國家，他們的拾荒群體都經歷過被污名化與忽視的過程，是一群拾荒者努力進行倡議與遊說工作的成果，而本地的拾荒群體傾向高齡化，要發掘和教育街坊們成為倡導者並不是容易的事情，還需用很長的時間與拾荒者建立信任的關係。以過往的經驗來說，能為同業發聲的拾荒者實屬少數。借鏡其他國家在爭取社會友善對待拾荒者的努力，可看見城市與拾荒者共存共生的可能性，也是現代城市發展文明的展現。

第四部分

香港拾荒議題發展簡史

香港早期對拾荒議題的研究

根據樓瑋群教授於2007年進行的《香港拾荒長者研究報告》所提及，香港這個城市一直缺乏對於拾荒者的有關研究，而本地文獻中找到的多以故事敘述形式呈現拾荒者的處境。樓教授團隊展開的研究對於未來研究拾荒議題來説是一重要基礎，有其寶貴的參考價值。藉著調查基礎，我們大概知道當時拾荒議題的一些數據，在他們的調查中訪問了96位60歲以上的拾荒長者，有超過八成為女性，超過七成長者因經濟原因而從事拾荒工作，六成拾荒者工作兩年以上，並且約一半拾荒者每月從拾荒工作中只賺取100至500元收入，只有兩成八的拾荒者會參與社區中心和長者中心的活動。[138] 研究報告從社會學角度出發，在深入調查過程發現拾荒長者在社會面對各種不同的社會排斥，其中在政治、社會關係和福利排斥，都充分地證明政府沒有提供保障與支援，並刻意忽視其身分導致社會的標籤與污名化，此外，拾荒者更缺乏自身權利和福利支援的社會資訊。[139]

報告提及拾荒者在社會遇到的問題，反映有部分長者的生活水平和質素，與政府一直推動的「老有所養」、「老有所屬」，以及「老有所為」的長者晚年規劃政策甚有差距。[140] 從社會服務與福利角度去看，報告建議政府審視放寬長者福利的資產審查標準，和盡快推行全民退休保障，並撥備更多資源予地區長者服務中心，持續跟進與關心拾荒者的處境需要。[141]除了樓教授團隊的研究外，2012年中文大學香港人類學學會的學術期刊《香港人類學》中，學會成員徐斯筠女士發表了論文《被社會邊緣化的群體——香港拾荒長者生存狀態研究》，她採用了田野研究調查的方式，深入訪問了共13位拾荒者。作者希望研究以拾荒者的聲音為出發點，了解他們真實的生活狀況，並嘗試以勞動和社會經濟的角度分析拾荒者在回收業的貢獻，社會需要為拾荒者去邊緣化，重新正視他們的存在，以及提供適當的支援等。[142]

以上兩份對拾荒者的研究調查，算是香港千禧年後了解拾荒議題中，能夠提供較為完整和詳細分析的研究報告。基於這兩份研究的基礎論述支持下，拾平台遂於2018年再次舉辦一個全港性的拾荒者研究調查，期望能夠收集數量更多的樣本，廣泛反映大部分在本港的拾荒者處境，予政府與公眾更掌握他們的狀況。接著我們嘗試整理近年來有關拾荒議題的社會事件，以及不同的持分者介入議題後的發展。

本地拾荒議題的社會事件

本地有關拾荒者的公開資訊來源，通常來自傳媒報導，時有發生拾荒者遭遇交通意外事故、與食環署職員因驅趕問題引發衝突、又或在街上被搶劫等事件。但這些事情的發生都未能夠引起大眾對拾荒者的關注，而市民對他們的印象，大部分也是每次傳媒報導有關政府公布香港的貧窮人口數字、貧窮狀況等新聞時，他們會「習慣」放置一兩張拾荒者正在辛勞工作的相片於版面內，製造一種「拾荒者等如貧窮」的象徵，主導了市民對拾荒者的看法。

這種意識形態令市民很自然地將拾荒者的身分形象化，認為他們只是一群需要社會服務和福利介入的人。雖然拾荒群體中絕對會有經濟需要和面對貧窮匱乏的可能，但這些因素並不能夠完全定義拾荒者，我們可從不同面向認識他們，令到拾荒議題更立體。進入拾荒者的處境，與他們同行，更會觀察到他們與社區不同的持分者連結，因著這些連結便會看見他們牽涉到長者勞動的問題、回收行業的發展、環保議題的扣連，還有長者公民權益與社會福利服務的想像。

近年能夠引起公眾討論關於拾荒者的事件，可見於2017年6月，一名拾荒長者因以一元價格將其執拾回來的紙皮售予外傭，被食環署發出告票控告其非法在街上販賣，事件引起各界關注，最後卻因社會輿論壓力，被公眾批評食環職員對待拾荒者行為涼薄，在媒體報導的攻勢下，食環署最終決定撤銷對該名拾荒者的指控。[143]事後引起各界關注拾荒者在社區的身分定位和處境。原來大部分香港市民也不太理解拾荒者在社區中的角色，發現拾荒者的工作從來沒有被政府及環保業所肯定，政府部門一般只視拾荒行為和擺放在街上的回收物料為垃圾或阻塞行人通道，沒有定義拾荒者執拾紙皮為工作，只認為他們是垃圾收集者。

拾荒者的工作固然不被重視。2017年9月，中國內地因實施回收物料的進口限制令，拒收本地不合規格的廢紙料的社會事件中可見，拾荒者的工作對社區而言是這麼重要。本地回收商因未被海關批出進口內地的批文而令本地回收廢紙滯留於碼頭，本地回收業商會於是發動罷收紙皮，希望引起政府關注協助業界與內地有關部門協商批文的問題。正因為回收商「罷收」，拾荒者知道即使再收集紙皮都沒有人要，於是也與回收商一樣「罷執」！導致各個社區處處都有紙皮囤積於街頭，[144]顯示拾荒者在回收過程，其實協助了社區處理大量廢棄紙皮的貢獻。停收紙皮除了影響本地回收業運作外，同時亦影響了拾荒者平日的收入和生計。

因著近年關於拾荒者與回收業的社會事件，令社會對他們產生好奇，究竟這群在街道上經常看見的人面對著什麼狀況？他們需要被關注嗎？公眾又是否真正認識他們呢？種種疑問下，驅使我們於2018年進行了一次大型的拾荒者研究調查。

2018年全港拾荒者研究調查報告

從拾荒者被票控和紙皮圍城兩宗社會事件可見，我們不單止了解到拾荒者以長者居多，或被標籤為貧窮的象徵，亦發現他們與社區的經濟活動有所連結，是回收業勞動市場的一分子。2018年成立的「拾平台」藉著這些社會事件的經歷，同時透過外展工作接觸拾荒者，了解到關心拾荒者不只是從長者福利和提供服務支援的向度。有見及此，拾平台承接之前進行過的兩份拾荒者研究調查，於2018年籌辦一次全港拾荒者訪問調查研究，接觸比之前研究更多的拾荒者人數，期望能更具體掌握拾荒者的基本情況和問題，讓社會和施政者正視拾荒者的現實處境，以及與社區互動所產生的問題。這次研究在香港11個地區進行，並選了58間回收鋪以定點形式接觸拾荒者，我們將拾荒者分類為「在家中收集回收」、「本身有工作並拾荒」和「全時間拾荒」，在家中收集回收物資並不在研究範圍內，其餘兩者則會進行調查訪問。是次調查共接觸了801位受訪對象，成功訪問505位合乎調查資格的拾荒者 。[145]

是次調查研究令香港人能具體認識到拾荒者在回收業的貢獻，並且與不同的民間團體合作完成調查，當中有環保團體綠惜地球、不是垃圾站、社區組織維修香港、宗教組織香港基督徒學會和好鄰舍北區教會，嘗試連結社會各界的持分者，讓議題能夠從多角度介入與討論。除了團體，更重要的是，我們能夠邀請到拾荒者黃姐和蘭姐出席發布會，分享她們真實的處境，與調查研究中反映的狀況相同。[146] 發布會後，兩位街坊繼續為拾荒群體的處境發聲，持續接受媒體訪問有關拾荒議題，亦因為議題的曝光率增加，令一些社福機構和學院逐漸有興趣想了解多點拾荒群體的需要，促成了日後與多個團體的合作。

在研究調查發布會完結後不久，拾平台一直有關心的一位拾荒者蘭姐，她在進行回收工作的地方遭食環署職員檢控亂拋垃圾（垃圾蟲）。當時蘭姐解釋她是正在整理廢紙箱的過程，暫時將一袋分類為垃圾的大膠袋放在地上，轉過頭便會拿去垃圾收集站丟掉。可惜食環署職員不理會蘭姐解釋，直接發出檢控通知書。蘭姐深有不忿，於是致電拾平台求助，拾平台同工隨即邀請傳媒記者報導蘭姐被無理檢控一事，並在互聯網發起聯署聲明，將蘭姐的遭遇解釋清楚為工作程序的一部分，最後食環署在社會輿論下，決定撤銷蘭姐控罪，總算還街坊一個清白。[147]

隨後有另一位拾荒者黃姐也熱心於推動更多人認識拾荒處境，拾平台邀請了黃姐成為社區老師，讓更多人就著拾荒者議題向他們請教，拾荒者就是我們的老師。主流社會通常懂得教學的人都需要高學歷和資格認可才能夠勝任，但現在卻換成每一個人，甚至是邊緣弱勢，都可成為傳遞知識的人，因為在他們處境所面對的也是一種經驗，是我們需要學習承載的。[148]黃姐除了成為真人圖書館的社區老師，更有一次前往立法會舉辦的公聽會，分享長者就業的困難和苦況，卻換來當時的勞福局局長一句涼薄的回應！叫黃姐前往勞工處尋求協助，局長的回應牽起了社會輿論，大家除了關注局長的回應如此涼薄外，更帶出了本地長者就業困難的問題，[149]剛巧那時候政府統計處正正發表了一份勞工處長者就業計劃成效不足的報告，更證明了政府在長者友善就業方面的措施需要檢討。[150]連香港電台的長青廣播節目「18樓C座」也要用黃姐的個案做了一集有關於長者就業狀況的節目。

拾荒者縱使是卑微的一群，但我們相信與別人透過對話與經驗，能夠建立到他們的信心，讓他們可以表達自身的想法與感受。一些你認為沒有能力的人，在參與的過程中被充權（empower）後，他們會更有信心面對生活的困難和挑戰，更主動為自身權利與身分捍衛和奮鬥。

香港理工大學（理大）賽馬會社會創新設計院改良手推車計劃

完成調查研究的同一年，拾平台與理工大學（理大）賽馬會社會創新設計院合作，以創意思維（design thinking）的手法，按拾荒長者的實際需要，改良回收工作手推車設計，以協助拾荒長者減少工作勞損，提高工作時的安全，確保工作的尊嚴。[151] 研發期間舉辦工作坊，讓公眾參與討論，以同理同感的態度，清晰界定拾荒長者所需要的「手推車」，參加者嘗試落區觀察和訪問，與拾荒長者交流，收集社區持分者的意見。透過工作坊內的創意思考工具，參加者共同構思意念、製作理想的「手推車」原型，再由工作坊參加者組成公眾設計團隊，深入探討、研究不同設計意念的可行性，再落實產品原型製作，並進行用家測試。之後邀請拾荒長者試用，設計團隊收集他們的意見，再進行觀察以修訂設計。完成修訂後再用一年的時間給予用家測試，確保產品安全及有效使用。[152]

基督教香港信義會靈合長者健康中心的「從拾荒到拾方」計劃

基督教香港信義會靈合長者健康中心於2019年推行了「鄉效長者支援服務－從拾荒到拾方」計劃，希望拾荒長者在拾荒以外，能夠找到新的方向，發現自己仍有其他能力，幫助他們由受助者變成施助者，助人自助。同時，讓長者明白拾荒並不是晚年工作的唯一選擇，協助他們規劃較好的晚年。[153]

回收業界的支援行動

這段時間除有社福機構開展拾荒者服務，本地回收行業中亦有一些舉措。自2018年完成拾荒者調查研究報告後，引起了公眾關注，同時亦引起回收業界的注意，平台與部分關注拾荒者福祉的回收商建立關係，期望可以改善他們的工作處境，特別是回收廢紙價格的不穩定。有回收商老闆於2019年期間計劃了一個能夠穩定廢紙價格和提升廢紙回收質素的項目，項目由政府提供的環保回收基金提供資助，共申請約三千萬元款項，將廢紙回收價穩定於不少於5毫，希望給予政府「怎樣直接地支援回收業界」一個的參考。[154]

其後政府遂於2020年9月藉環境保護署（環保署）首次推出「全港廢紙收集及回收服務計劃」，以外判服務合約形式聘請承辦商從全港各區向街角回收店、流動回收車、前線拾荒者等收集廢紙（包括紙皮、報紙和辦公室用紙）作進一步處理。合約要求承辦商及聯繫合作伙伴（包括街角回收店及流動回收車等）於服務期內必須提供經濟誘因，以不少於指定的7毫子廢紙回收價（價格會定期按市場實際廢紙銷售價格調整），向前線收集者及其他廢紙生產者收購符合標準的廢紙，即不濕水及未受其他雜質及廢物等污染。計劃期望有關合約可鼓勵乾淨回收，從而提升本港廢紙的整體質量及在市場上的競爭力，以支援整個廢紙回收行業，主要是穩定行業內廢紙的回收量、提供前線拾荒者的工作機會。[155]

2021年「全港廢紙收集及回收服務計劃」——推行後對拾荒工作者的影響問卷調查研究報告

因著政府於2020年9月推出「全港廢紙收集及回收服務計劃」，拾平台決定於2021年進行針對此計劃的「『全港廢紙收集及回收服務計劃』——推行後對拾荒工作者的影響問卷調查研究報告」，希望了解拾荒者工作處境、行業支援計劃對拾荒者的成效和拾荒群體對回收業界的想法，同時整合資料進行計劃檢討和對回收業界的建議，改善拾荒工作者的工作處境。[156]

社區中不同團體對拾荒議題的參與

拾易紙長

除了理工大學的改良社區回收車的社創計劃外，近年坊間逐漸關注拾荒者的處境，有不少團體也透過創新設計的意念，想像了一些創新的服務來改善拾荒者生活環境。社會企業「拾易紙長」於2015年成立，會邀請在社區回收的拾荒者，以合理的回收價格收購他們的紙皮，然後將這些回收物翻新設計成不同的紙箱產品，再售予不同行業的商戶使用。這種形式能製造雙贏局面，一來可增加拾荒者的收入，二來使被棄掉的紙箱得以重生，扶助拾荒者之餘同時讓公眾參與環保回收過程。計劃於2021年結束，服務了約二十位拾荒者，同時凝聚了一個社區回收網絡及透過回收物生產了7款產品供商戶使用。[157]

V Cycle

2018年一間將塑膠廢品回收，並將其循環再造成商品的社創企業「V Cycle」發起了「『十噸』」膠樽回收大行動」，聘請拾荒者進行膠樽分類工作，協助他們工作轉型。同時又透過循環再造的過程，向公眾提供教育和訓練，提升回收塑膠廢品的意識，阻止環境繼續被人類污染破壞。他們藉著循環再造的產品所銷售得來的收益，回饋予社區扶助弱勢基層，特別關注到拾荒群體的需要，讓拾荒者協助回收塑膠樽後期分類的工作，並給以高於最低工資時薪的報酬，使他們除了拾荒工作外有另一個工種可選擇，同時又可得到合理而有尊嚴的收入。[158]現時 V Cycle 於屯門區繼續運作，循環再生與扶貧工作同時實踐。

再生玩具店

2023年另外一間社創企業「再生玩具店」舉辦拾荒者支援

計劃，項目會舉辦拾荒者真人圖書館，以及使用拾荒者收集的紙板舉辦玩具工作坊和展覽，藉以培養兒童、青少年和公眾對拾荒者的理解和同理心。這些服務計劃持續地傳遞一個信息予公眾——需要認同拾荒者對社區的貢獻。透過社會不同專業界別的介入，會發現拾荒議題其實可以有很多元化的討論與發展，可持續性地發掘支援拾荒者處境的可能性。[159]

綠惜地球

除了社創團體積極回應改善拾荒者的處境，社福機構、環保團體和勞工組織也不遺餘力參與關注。當中兩個環保團體更分別申請基金舉辦連結拾荒者的社區回收計劃。「綠惜地球」於2018年曾於葵涌區舉行「『回樽有賞』社區回收試驗計劃日」，以每個PET膠樽給予2毫回贈，吸引市民回收膠樽的實驗。這次計劃負責人朱漢強先生更邀請了部分拾荒者參與，拾荒者在五個星期的回收膠樽過程中，收集膠樽的數量更佔整體計劃回收量約八成，反映有償回收對拾荒者具有一定吸引力。[160]

綠色力量

另一間環保團體「綠色力量」於2020年舉行了「現金回收紙包盒計劃」，為回收工業鏈的上、中、下游提供現金鼓勵，當中包括了拾荒者，每回收一個乾淨回收的紙包盒可獲得5仙。他們期望活動成效可作為生產者責任制實踐模式之一。[161]從兩個環保團體的計劃可見，拾荒者在社區或回收業界的角色，可參與在不同類別的回收物收集，並能夠與不同的團體合作開發新的回收物種，某程度上拾荒者其實可以配合本地環保規劃的創新與發展與時並進，一同提升香港市民環保意識，推動綠色香港和零垃圾城市再不是一個夢。

香港婦女勞工協會

勞工組織香港婦女勞工協會於2022年啟動了改善拾荒者工作處境和對公眾進行教育計劃，進一步肯定拾荒者在社區的貢獻，服務除了提供拾荒者一些日常工作設備的支援，也嘗試組織拾荒者和清潔工，透過同伴小組和午餐聚會，向他們收集改善拾荒處境的意見和商議友善對待政策的教育。[162]

香港基督教信義會靈合長者健康中心——「拾連」社區回收職業支援服務計劃

香港基督教信義會靈合長者健康中心於2021年與拾平台合作，籌劃了一個為期兩年的計劃，名為「『拾連』——社區回收職業支援計劃」，計劃分別提供了關顧及職業支援服務，亦透過外展工作，於北區、油尖旺及土瓜灣區接觸超過200位拾荒長者，當中約有80位拾荒者成為計劃會員。計劃邀請會員使用由香港理工大學賽馬會社會創新設計院優化及設計專為回收者而設的手推車，以及由香港理工大學應用社會科學系及康復治療科學系的學術研究，了解計劃服務成效和拾荒者因工作勞損的評估（詳細內容見註119）。[163]計劃更嘗試建構和連結「回收友善商店網絡」，令地區商鋪認同拾荒者在社區回收的角色，願意提供回收空間和友善對待拾荒者，計劃亦定期與學校及各大企業舉辦公眾教育活動，以提升普羅大眾對本地社區回收議題的認識及關注。[164]

「拾連」計劃為會員安排費用全免的職業治療及物理治療服務，改善回收工作者的健康及舒緩辛勞帶來的不適，及後再安排舉辦職安健小組，從而增加他們對職業安全及健康的知識。從計劃提供的職業與物理治療服務評估，發現他們大部分的身體都出現不同部位的痛症、勞損及關節問題。我們從治療師的評估資料得悉：

1. 90%的回收長者手指關節有不同程度的變形及繃緊；
2. 80%的回收長者膝關節出現退化及有腳患問題；
3. 25%的回收長者出現中度至嚴重的背部彎曲問題。[165]

全球化監察

勞工權利監察組織「全球化監察」於2023年曾就都市化和重建問題進行研究，觀察到現代廢物管理只以「生產者」和「消費者」兩個向導，處理廢物產生所造成的社會問題。這是一個點對點的思考角度，很理想地詮釋一個簡單的廢物處理和回收的過程，但這樣的解釋卻忽略了回收系統裡的權力不對等。在鼓吹「減廢」和「乾淨回收」時，我們忘記了這個過程的操作牽涉大量勞動力以協助篩選、分類與再棄置。回收場工人、街角回收鋪和前線拾荒者，背負了回收過程最艱辛的環節。但因為廢物處理普遍在社會文化與意識被定性為需要被遺忘和被隱藏的事情，連參與廢物處理的勞動者（拾荒者）也要被隱藏，或被施政者高壓的管制、驅趕和排斥。[166]

社會呈現的這種排除拾荒者的狀態，可能與城市出現「綠色士紳化」的思維與規劃現象有關。公共空間的規劃開始重視綠色生活，支持環保和環境倫理的議程，卻忽略了參與環保回收這種經濟活動的勞動者的處境，甚至製造了社會排斥性。這種規劃期望創造一個清潔衛生，綠化與智能化的廢物處理系統。在這個轉型到高端回收的過程中，以確保地區的整潔衛生，將回收工業統一管理，將工作外判予大型的承辦商，去除地區零散混雜的回收工作者。[167]筆者認為，此想法是一種將回收工作潔癖化，刻意忽視廢物處理的厭惡性與參與過程的勞動者。施政者從管理與都市形象的角度解決他們認為礙事的人與事，明顯未能夠從以人為本的方向思考回收業未來的發展，未有善待現正進行廢物回收處理的拾荒者。城市規劃、回收業高端化的進程令中小型回收商和拾荒者更被邊緣化。

2022年1月初，全球化監察與拾平台合作一起為亞太地區的拾荒者和相關組織舉辦了一次國際會議。參與地方組織有來自印度、印度尼西亞、台灣和中國大陸，參與者均指出，城市化、城市重建和紳士化是前線廢物處理工作者面臨的主要問題。全球的拾荒者都遇到類似的社會排斥，這不只是個別的現象，而是人類需要共同正視拾荒者作為非正規工種的邊緣群體，我們能如何努力讓主流社會體制能夠與其共融，或讓更多志願組織願意參與為拾荒議題充權的行列。[168]

拾荒者福祉關注組

2023年多個關注拾荒群體的團體聯合一起，交流服務拾荒者的經驗。當中團體包括：香港信義會靈合長者服務中心、香港聖雅各福群會、新福事工協會－拾平台、慈悲香港、同路舍、香港婦女勞工協會。關注組在交流的過程中，共識籌備大型戶外的拾荒者研究調查，期望能夠了解繼2018年及疫情後的拾荒者處境起了多少的變化，以及探索政府將拾荒者納入地區長者服務資源的建議，使本地大部分地區長者服務能夠提供支援服務予拾荒者。

2023全港拾荒者調查研究

拾荒者福祉關注組於2023年11月舉行全港其中一個最大型的戶外調查研究，當中有320人參與，並於18區進行問卷調查，接觸了701位拾荒者。研究報告於2024年4月發布。

從以上團體機構的努力嘗試和創新實踐可見，社會開始對拾荒者處境的關注度逐漸增加，他們都想嘗試從不同的角度與專業中介人支援拾荒者。更重要的是，他們都是敢於trial & error的實戰者，願意在一個邊緣的社會議題中花上心思，實踐不同的可能性，喚起公眾對拾荒群體的認知。雖然拾荒議題未能在政府部門或議會中引起討論，在可見的官方文件中，施政者或仍然視拾荒者為其中一群擾亂社區衛生和秩序的人，與無家者、夜墟、天光墟的持分者一樣，被標籤成非主流社會可容納的群體，拾荒者即使有勞動也不被列入主流經濟體制的參與者。相反在民間的視覺卻與體制形成一種強烈的對比，大部分團體都視拾荒者為社區重要成員，期望能夠藉著行動和服務去認同他們的貢獻，盼望有更多團體參與關注拾荒群體行列，凝聚更正面、友善和尊重的態度去對待拾荒者。

「『拾回尊嚴』——照顧我們生活的拾荒者」體驗攝影展覽

展覽於2024年4月舉行，以體驗式教育為重點，展出的物品需要參與者親身體驗，透過經歷與感受認識本地拾荒議題，目的如下：

1. 期望參與者可身體力行以「第一身」感受拾荒長者的工作處境，並認識有關拾荒工作與回收業的關係；
2. 透視拾荒工作的邊緣與排斥性，細閱勞動長者的辛酸故事，讓更多人願意認同與欣賞拾荒者的付出；
3. 展示研究數據，讓參與者具體認識本地拾荒處境狀況。

「睇拾啲」——當拾荒者遇上交通意外街道安全研究

2024年9月拾平台與致力推動街道安全的組織「街道變革」合作，基於對2019年至2024年期間有關拾荒者嚴重或致命車禍的研究，對現行的運輸規劃政策和設計提出建議。是次研究聚焦於拾荒群體在使用街道時所面臨的困境，並分享他們部分遇上交通意外的經歷。透過分析全港各大報章報導，2019年至2024年5月拾荒者相關嚴重/致命車禍達15宗(當中包括6宗死亡、5宗重傷、報導未描述傷勢為4宗),事發地點集中九龍市區及新界。根據拾平台2023年收集全港拾荒者數據,2023年9月至11月期間已有25名拾荒者曾經歷車禍(包括輕傷程度的車禍),當中有9宗沒有被跟進處理。

「街道變革」在研究中發現主要涉事車種為的士及中重型貨車,而青山道至大埔道路段曾發生多宗車禍,青山道車速現時為每小時50公里,但不排除晚間或凌晨時分發生的車禍涉及司機超速,同時也涉及中重型車輛的車禍、司機視線盲點、街道設計不完善等的問題。有見及此,街道變革提出以下建議:

1. 署方應積極制定街道性質指示,為街道的功能定性,將主要為運輸功能的街道及場所功能的街道作區分,並用不同的運輸規劃方式設計街道。非主幹道的街區應透過設置交通緩行措施,例如減速壆、收窄行車線、路口收窄及減速平台、收窄路口街角等,有助從街道設計著手,減慢司機車速。

2. 職業司機工時長、疲勞情況屢見不鮮。安裝盲點視像裝置或警報系統已經能夠大幅減少風險。隨著國際標準的改變,未來將會有更多符合直接視線標準嘅貨車出現。倫敦當局推動的標準已得到國際認可:聯合國歐洲經濟委員會（UNECE）已通過決議採納類似標準。由2026年起，歐盟境內所有新設計的貨車都需符合最低直接視野要求，並於2029年起擴展至所有新登記貨車。日本亦表示跟隨歐盟落實相關決議，相信將規定境內車廠跟進。運輸及物流局應推動政府轄下所有外判服務合約、工程招標，以至購置新貨車嘅招標程序中，均需加入符合直接視線標準的相關條款，以加快提升安全標準。

有關改善及預防拾荒者遇上交通意外，以及所面對的街道安全問題，拾平台提出以下建議：

1. 政府需要進行公眾教育，不論司機或行人也需要注意道路上安全。拾平台與街道變革設計了一張專門給司機留意街上拾荒者的單張「睇拾啲」，同時亦設計了一張提醒拾荒者需要注意道路安全的單張「睇車」，雙方都有責任要保持警惕。
2. 提供回收空間予拾荒者工作和存放，避免放在行車路上與汽車造成碰撞。根據2023全港拾荒者研究調查中顯示，拾荒者缺乏回收工作的空間，[169]政府部門可嘗試在每區與民間組織合作，向拾荒者搜集資料，在行人路使用率較低的空間 進行人流密度測試，設立可處理回收物的回收空間；[170]亦可考慮在社區中部分地區的公共街市規劃、設定停泊手推車的空間，由街市提供的閉路電視作監察。一方面，讓拾荒者可以合法和安心擺放手推車，避免在大街小巷隨時被人偷去財物。另一方面，亦可以減少手推車佔用行人路和行車路的情況。安全而遠離行車路的回收空間可以令拾荒者減少逗留在行車路進行收集和整理回收物的機會，減低他們被車輛撞倒的風險，亦避免了他們為逃避食環充公財物而將手推車放置在容易發生交通意外的位置。

3. 政府正積極籌備展開「塑膠飲料容器及紙包飲品盒生產者責任計劃」，現正進行相關法律條文的草擬工作，並計劃稍後將有關《產品環保責任條例》的條例修訂草案提交立法會審議。[171]當相關法例推行後，在本港售賣的單次性 PET 塑膠飲品容器將有其押金或回贈金額，因而具有其法定的回收價格，而拾荒者除了有多一種回收物料可收集外，將可更有效地加強其協助回收工作的角色和貢獻。與此同時，社區設立「友善回收空間」對拾荒者更有相應的需要及迫切性，以提供收集、整理、暫存及物流的運作空間，手推車在道路使用的幅度和頻率亦會提高。

有見及此，假設配合政策的推行，回收業界有可能需要大量的回收分類工友，從事環保回收的回收商或社福機構，可嘗試聘請拾荒者成為回收分類員，協助綜合分類回收物，令拾荒者有多一個選擇，可以在安全的室內工場工作，減少在街道上進行回收工作時會遇上交通意外的風險。

情理兼備的友善對待

莫慶聯 ｜ 前城市大學專上學院社會科學部高級講師

社工界過去一直都不太關注拾荒的議題，亦不太關心拾荒者的處境。根據2019年10月由拾平台進行的全港拾荒者調查，拾荒者的年紀為58歲至100歲的長者，平均年齡72歲，但絕大部分長者鄰舍中心，沒有將拾荒者的福祉，納入其關注及工作範圍內。

關懷貧窮學校推動成立「拾平台」的網絡，廣招有興趣的團體及人士加入，集思廣益，群策群力，做調查倡議及社區教育，讓拾荒這個議題近年成為大眾開始關注的焦點，但拾荒者的處境依然備受忽略，且面對很多不友善的對待，包括：

1. 一公斤紙皮回收大約8毫至1元左右，超過七成的拾荒者，每月拾荒賺取的金錢為1,000元以下，對幫補生計的作用有限。

2. 拾荒者缺乏安全的工作空間，很多時要在骯髒的後巷及廢氣滿滿的馬路旁執拾紙皮，健康未受保障。有時要在馬路上推著紙皮車行走，容易被汽車撞到，構成安全威脅。

3. 拾荒者的手推車缺乏存放空間，唯有放在馬路旁，容易被偷竊及投訴佔用空間，阻礙通道。

4. 拾荒者面對政府執法部門（如：食環署驅趕、清場、充公財物及票控），令辛勞地拾荒賺回來的金錢付諸流水。

5. 部分市民覺得拾荒者令公共空間變得淩亂和骯髒，降低了城市整潔整齊的美觀感。

6. 拾荒者每天在我們的社區遊走及工作，但市民普遍對拾荒者視而不見，在事不關己，己不勞心的心態下，往住視他們為隱形人。這種冷眼冷漠對待拾荒者的態度，雖未至歧視的地步，但已令拾荒者長期處於被邊緣化及弱勢的地位，無助改善他們的福祉。

7. 有市民指出，小部分拾荒者有樓收租，並非貧窮一族，所以不值得大家關心、同情及協助。

8. 拾荒者不被確認為一份工作，在基層的工種中，其社會地位比保安及清潔工更低。他們自視為卑微的一群，沒有話語權，更不會團結組織起來、表達他們的想法及訴求。

但拾荒者不應該有著上述的對待，作為相信以人為本的社會工作者，我們深信人有價值和尊嚴、人有能力去改變、人有很大的潛能、人在社會中需要依賴共存和互相關顧，以至社會有責任去照顧有需要的人等，拾荒者應該得到我們更友善的對待。

拾荒者和我們的社區共生，協助處理社區可回收的廢料，承擔了我們處理廢料的責任。若果社區沒有了拾荒者，可能數年前曾經出現過的廢紙圍城事件便有機會重演，拾荒者對社會的貢獻及作用，確實得不到應有的重視。

其實友善對待拾荒者，也可改善他們的精神健康及福祉。拾荒除可以幫補生計，其實也是一種精神寄託、保持運動、消閒解悶，體現一種香港人引以為傲的自力更生精神。拾荒者面對個人身體退化，失去能力和意義感，透過拾荒能夠重拾價值，令長者仍感受到有一種和社會聯繫及貢獻的角色。

我們對拾荒者的漠視，其實也違背基督信仰。信仰要我們愛神，約翰一書4章20至21節說：「人若說我愛神，卻恨他弟兄，就是說謊話的；不愛他所看見的弟兄，就不能愛沒有看見的神。愛神的，也當愛弟兄，這是我們從神所受的命令。」拾荒者是我們的鄰舍，是我們的弟兄姊妹，是我們的一份子，所以應該得到人性化的尊重對待。

友善對待拾荒者，不同的持分者可扮演不同角色：

1. 政府應該有明確、人性化的拾荒者政策，設立讓拾荒者的工作空間，不應只著重檢控及驅趕，應積極帶頭推動社會確認拾荒者的貢獻，資助非政府機構開展拾荒者的服務及工作等。
2. 政府官員、回收商、社區領袖、拾荒者、非政府機構的成員等，透過平台，定期聚會及溝通，互相理解，討論大家關注的議題，為人性化對待拾荒者作出努力。
3. 一般大眾在社區看見拾荒者，可以送上一句簡單的慰問，或者多花一點時間聆聽她們的需要及心聲，有需要的時候可以協助她們收拾紙皮及推車，而持續的陪伴或同行，對拾荒者也是窩心的觸碰。只要每一個人多理解、多尊重、多欣賞及多認同，便可以強化對拾荒者的友善對待。

友善對待拾荒者，是每一個人的責任。現代社會分工精細，生活急速，講求效率、缺乏溫情。拾荒者不是他者，是和我們共生的共同體，若我們視他們的事，也是我們的事，在日常社區生活中，多些警覺及留意他們的狀態，相信對改善他們的福祉必然有助。

後記二

信仰的公共實踐：「執屋」神學

龔立人 ｜ 中文大學崇基神學院客席副教授

「執屋」是廣東話，意即執拾家居，使家居變得乾淨、有序和更宜居。上主對受造世界的救贖是一場執屋行動（God's oikonomia），目的是使住在其中的眾生萬物，可以自由地活出他們的豐盛（約翰福音10：10）。執屋行動包括設計、清除、消毒、裝修、布置等。上主不是唯一執屋的行動者，祂也邀請眾生萬物參與其中，特別是人類（創世記1：26-28）。有別於個人執屋，受造世界的執屋牽涉政治、經濟、文化、生態等面向，因為眾生萬物所需要的，非個體可以自己提供的。所以，上主執屋是公共的。縱使靈性，也必然是公共靈性。

「上主愛世人，甚至將他獨一的兒子賜給他們，叫一切信他的人不致滅亡，反得永生。」（約翰福音3：16）這是華人教會對上主執屋很重要理解。這理解説明上主是愛，上主的愛是犧牲的愛。祂執屋行動是為眾生萬物帶來生命。雖是如此，但教會對這經文卻存有兩個偏見。第一，華文聖經將 κόσμον 翻譯為世人，但 κόσμον 指世界，人是受造世界成員之一，非受造世界的代表。當華文翻譯為上主愛世人時，受造世界就分割為人類世界與非人類世界，甚至認為人類比非人類更重要。[172]第二，這經文以「永生」理解耶穌的救恩。永生指在上主裡的生命，重點不是個體的不朽。在《約翰福音》，永生是已實現的終末論（realized eschatology），即因在基督裡，門徒已體驗永生。永生不是屬於未來的事。[173]然而，教會傾向以未來的終末論（futuristic eschatology）理解永生（這不是錯，因為上主國還未完全彰顯）。結果，永生給人的印象是關注死後生命，甚至認為死後生命比死前生命重要。聖詩《這世界非我家》充分反映對物質世界的鄙視。説回來，我們當如何詮釋上主對受造世界的愛呢？

耶穌説：「我來是要叫羊得生命，並且得的更豐盛。」（約翰福音10：10）第一，羊比喻人類，上主子民。耶穌的承諾不但照顧羊，更挑戰那沒有盡責照顧羊的牧人，他們其中有「偷竊、殺害、毀壞」的盜賊。第二，羊不只是比喻人類，羊更包括羊和非人的眾生萬物。那麼，耶穌要批評的，不僅是失職的牧人，更是作為牧人的人類，即人類沒有盡責保護羊代表的眾生萬物。第三，耶穌的愛不只為人類，更為眾生萬物。「在上主臨在中，人類和所有上主受造物的豐盛是上主對受造世界最重要的關注。所以，這應是神學最核心目的。」[174]生命豐盛沒有排除永生，但生命豐富拒絕將物質與靈性、短暫與永恆、死後與死前、人類與非人類、個人與社群、宗教與政治等對立。生態教曉我們認識生命的彼此扣連（inter-connectedness）。因生命彼此扣連，生命豐盛的核心是生命之間的共同（common），即生命豐盛不是個體、個別物種或個別國家的豐盛，而是所有眾生萬物的豐盛。這關乎共善（common good）。

「拾平台」是一個對「耶穌使人得生命豐盛」的信仰公共踐行。第一，拾平台關注拾荒者的生命豐盛，揭露一切剝削和壓制生命的意識、行為和政策，並進行批判。第二，拾平台展現出拾荒者的生命力之餘，也認識他們為別人帶來生命豐盛（環保回收）。他們是上主執屋同工之一員。第三，拾平台不只創造一個平台，更實踐共善，讓信徒與非信徒，政府和非政府組織一起思考和參與共善。我喜見鄧永謙將「拾平台」經驗整理出來，與我們分享。閱讀這些故事時，我們也問：「我們可以在那方面參與上主給生命豐盛的執屋行動？」

勞苦所得成果

梁友東牧師 ｜ 新福事工協會總幹事

筆者以一個拾荒為題的裝置藝術作為此書的後記，作品題目為〈勞苦所得成果〉。作品以一對勞工手套置於用紙皮堆砌出的金字塔底部，其上長出了一棵樹，樹上所結的果子就是香港最小的幣值——一毫子與兩毫子。作品寓意拾荒者雖然付出了努力，但因著紙皮回收價值之低，只能以最低貨幣價格的計算獲得報酬。像昔日以色列人在埃及為奴，付出了勞力，卻得不到應得的回報，反更被苦待。今天香港成為國際的大都會，卻出現嚴重的貧富懸殊，拾荒者付出的辛勞，只能得到微薄的報酬，紙皮價格也曾經跌至2毫一斤，縱然能拾取大量的紙皮，卻是難以維生。有段時間因內地禁收本地回收紙料，導致紙皮圍城，街道到處都是棄置的紙皮和發泡膠箱，及後回收業界透過申請環保基金，保證不少於5毫一公斤紙皮補貼回收業，令拾荒者仍可以此謀生，這反映拾荒工作和回收業對社會的市容和衛生的重要性，拾荒者更可稱之為「環保先鋒」。

拾荒工作一直被社會所忽略，拾荒者大多是社會基層群體，不少是年老的長者，拾荒者因經常要彎腰拾取和處理棄置的紙皮，容易導致勞損，我們看見不少的拾荒長者逐漸出現駝背的狀況，他們卻為生活和責任仍沒有放棄拾荒，可惜社會對拾荒者沒有提供任何友善的政策支援，缺乏保障和照顧。他們要處理和擺放的紙皮，常被食環署的職員以阻街為由被驅趕、票控和充公財物，當政府極力呼籲市民重視環保，卻忽略對環保作出重大貢獻的拾荒者，未能給予他們一份肯定和尊榮。

拾平台出版的這本關於拾荒議題的書，盼望能喚起更多人對拾荒者的關心，了解和認識他們的工作和處境的需要，也祈願政府在訂定環保政策上，不要忽略拾荒者在社會上的角色和貢獻，提供更多友善的環境，協調不同的持分者，包括政府、商戶、環保團體、自願組織和拾荒者，讓拾荒工作能得社會的認同和肯定。在〈勞苦所得成果〉的作品中，我們還會看到有數條毛巾掛在樹上，上面織有「勞苦功高」的字樣，這是我們落區接觸和關心拾荒者時，會送給他們的禮物，以表達對他們的感謝、欣賞和肯定，讓他們在冷漠的社會中，可感受到人關懷的窩心和溫暖。如果我們都視拾荒者為鄰舍，願意多點關心和慰問，協助收拾紙皮和推車，相信他們在勞苦下所得的成果，不單是換來微薄報酬，而是人與人之間，能滋養生命結出愛的果子。

章節附註

1 關懷貧窮學校：〈本會簡介〉，「新福事工協會有限公司」，https://newarrivals.org.hk/Common/Reader/Channel/ShowPage.jsp?Cid=960&Pid=3&Version=0&Charset=big5_hkscs&page=0，2023年4月19日瀏覽。

2 鄧寄姐，「拾平台」，https://www.facebook.com/media/set/?set=a.474371505920986&type=3，2023年4月19日瀏覽。

3 TOPick：〈廢紙圍城多區現紙皮山　回收商望減輕堆填區壓力〉，《香港經濟日報》，https://topick.hket.com/article/1905494?r=cpsdlc，2023年4月19日瀏覽。

4 張寒梅：《城市拾荒人：對一個邊緣群落生存現狀的思考》（中國貴陽：貴州人民出版社，2001），頁2-3。

5 同前註，頁7。

6 同前註。

7 BURCEA, Ştefan Gabriel. "THE ECONOMICAL, SOCIAL AND ENVIRONMENTAL IMPLICATIONS OF INFOMAL WASTE COLLECTION AND RECYCLING." *Theoretical and Empirical Researches in Urban Management* 10, no. 3 (2015): 15. http://www.jstor.org/stable/24873532.

8 同前註。

9 同前註，頁16-17。

10 何藍紓：〈曾露宿街頭　見工屢碰壁　拾荒婦黃姐灑淚　望政府給予尊嚴長者〉，《香港01》，https://www.hk01.com/article/321040?utm_source=01articlecopy&utm_medium=referral，2023年12月22日瀏覽。

11 鄧寄姐，「拾平台」，https://www.facebook.com/wastepickerplatform/photos/pb.100064668462285.-2207520000/1054246498106749/?type=3&locale=zh_HK，2023年12月22日瀏覽。

12 香港政府統計處：《2021人口普查－長者》（2023）。香港：政府統計處。

13 最低工資委員會所識別的低薪行業包括：零售業；飲食業；物業管理、保安及清潔服務；以及其他低薪行業，包括安老院舍；洗滌及乾洗服務；理髮及其他個人服務；本地速遞服務；以及食品處理及生產等。

14 同註12，頁4。

15 「中高齡就業計劃」：合資格雇員完成計劃下的在職培訓後，聘用60歲或以上失業或已離開職場的年長求職人士的雇主，可就每名雇員申請每月最高達5000元的在職培訓津貼，為期6至12個月；聘用40歲至59歲失業求職人士的雇主，則可就每名雇員申請每月最高達4000元的在職培訓津貼，為期3至6個月。

16 新聞公報：〈立法會十二題：支援中高齡人士就業〉，「政府新聞網」，https://www.info.gov.hk/gia/general/202501/08/P2025010800242.htm，2025年4月1日瀏覽。

17 社會福利署：〈公共福利金計劃各類津貼金額〉，https://www.swd.gov.hk/tc/pubsvc/socsecu/ssallowance/ssa_amt/ssa_amt_all/index.html，2023年12月22日瀏覽。

18 同前註。

19 社會福利署：〈安老服務〉，https://www.swd.gov.hk/tc/pubsvc/elderly/，2023年12月22日瀏覽。

20 香港理工大學賽馬會社會創新設計院：《香港銀齡社創初探報告》(2022)。香港：香港理工大學。

21 基督教香港信義會社會服務部：〈從拾荒到拾方〉，https://charity.elchk.org.hk/activities/%E5%9F%BA%E5%B1%A4%E6%94%AF%E6%8F%B4%20-%20%E9%84%89%E9%83%8A%E9%95%B7%E8%80%85%E6%94%AF%E6%8F%B4%E6%9C%8D%E5%8B%99%20%E2%80%94%20%E5%BE%9E%E6%8B%BE%E8%8D%92%E5%88%B0%E6%8B%BE%E6%96%B9，2023年8月18日瀏覽。

22 明報：〈當「社區老師」充權　冀社會認同拾荒者付出〉，《明報新聞網》，https://www.mingpaocanada.com/tor/htm/News/20190407/HK-gbh2.htm?m=0，2023年8月18日瀏覽。

23 拾荒者福祉關注組：《2023全港拾荒者調查研究報告》(2024)。香港：拾荒者福祉關注組。頁26。

24 同前註，頁16。

25 同前註，頁13。

26 同前註。

27 同前註，頁20。

28 食物環境衞生署：《公眾衞生及市政條例》(第132章)，香港：食物環境衞生署。https://www.elegislation.gov.hk/hk/cap57!zh-Hant-HK?xpid=ID_1438403464630_001。2023年8月17日瀏覽。

29 同前註。

30 1）如主管當局覺得應從任何地方移走扔棄物或廢物，可按照第 (2) 款將通知送達其覺得是：(a) 扔棄物或廢物的擁有人；(b) 將扔棄物或廢物棄置於該地方的人；或 (c) 發現扔棄物或廢物所在的地方的佔用人。以及，2）任何人如妨礙垃圾清掃或清糞工作，或妨礙清道夫執行職務，或導致或准許任何物品或東西擺放於任何地方，以致妨礙或相當可能妨礙上述工作或上述清道夫執行職務──(a) 該人即屬犯罪；及 (b) 法庭除可判處其他刑罰外，亦可命令將該物品或東西沒收。

31 香港立法會：《立法會參考資料摘要》，檔案編號：EEB(F)CR2/4061/22，頁4。https://acrobat.adobe.com/id/urn:aaid:sc:AP:3b8d6c78-7b83-4a7d-bc72-a55b9f494f7b

32 香港特別行政區政府憲報：《2023年罰款及定額罰款（公眾地方潔淨及阻礙）（雜項修訂）條例》。香港，環境及生態局。https://www.legco.gov.hk/yr2023/chinese/ord/2023ord023-c.pdf，2023年8月17日瀏覽。

33 凡任何物品或東西根據第 (2)(b) 款條文被檢取，其擁有人在向主管當局繳付因檢取、帶走和扣留該物品或東西而招致的開支(如有的話)，以及根據第15條訂立的規例所訂明的額外款項後，可於檢取後7天內領回該物品或東西：如根據本條檢取的任何物品或東西，是或相當可能是須在根據本條例提出的法律程序中出示作為證據，則儘管本款另有規定，主管當局仍可保留該物品或東西，直至法律程序已被放棄或獲得裁定為止。

34 新聞公報：〈立法會十八題：阻塞街道〉，「政府新聞網」，https://www.info.gov.hk/gia/general/201304/17/P201304170468.htm，2023年8月16日瀏覽。

35 新聞公報：〈立法會十九題：三色回收桶〉，「政府新聞網」，https://www.info.gov.hk/gia/general/201302/27/P201302270282.htm，2023年8月16日瀏覽。

36 新聞公報：〈立法會七題：廚餘回收〉，「政府新聞網」，https://www.info.gov.hk/gia/general/201206/27/P201206270252.htm，2023年8月16日瀏覽。

37 社創基金：〈拾易紙長〉，「社創基金網站」https://www.sie.gov.hk/tc/our-work/funded-ventures/detail5afa.html?content=903，2023年8月16日瀏覽。

38 黃煥忠、黃朝君、周文亭、梁淑欣、謝佩螢編：《香港回收業運作指南》(2017)。香港：香港浸會大學嘉漢林業珠三角環境應用研究中心。

39 Rutkowski, Jacqueline Elizabeth, and Emília Wanda Rutkowski. 2017. "Recycling in Brasil: Paper and Plastic Supply Chain" Resources 6, no. 3: 43. https://doi.org/10.3390/resources6030043

40 徐嘉莼：〈【拾荒業．二】拾荒者遭剝削？回收業界：大家都是基層，議價力弱〉，《香港01》，https://www.hk01.com/article/198747?utm_source=01articlecopy&utm_medium=referral，2023年8月17日瀏覽。

41 環境保護署：《香港固體廢物監察報告》(2024)。香港：環境保護署。頁12。

42 同前註，頁24。

43 同前註，頁26。

44 同前註，頁13。

45 同註23，頁18。

46 同前註，頁13。

47 拾平台：《全港廢紙收集及回收服務計劃推行後對拾荒工作者的影響問卷調查研究》(2021)。香港：新福事工協會。頁7。

48 同前註，頁9。

49 同前註，頁12-13。

50 同註23，頁13。

51 大部分拾荒者的收入都在$500以下（37.8%），而$500-$1,000（21.8%），$1,000-$2,000（27.2%）；較少數的拾荒者收入在$3,000-$4,000（6.6%）、$5,000-$10,000（3.3%）、$4,000-$5,000（2.6%）；拾荒者收入超過$10,000（0.7%）。

52 同註23，頁13。

53 同註41，頁24。

54 同前註，頁26。

55 Don Mitchell, *"The Right to the City: Social Justice and the Fight for Public Space,"* (New York, The Guilford Press, 21 Feb, 2012), Kindle.

56 同前註。

57 同路舍 ImpactHK：〈就業與培訓〉，「ImpactHK」，https://impacthk.org/zh/whatwedo-zh/employment-training-zh/，2023年12月25日瀏覽。

58 Light Walker：〈深導行－社區導賞〉，「基督教關懷無家者協會」，https://cchalightwalker.com/，2023年12月25日瀏覽。

59 Prof. Dr. G. Keith, "Crowd Safety and Crowd Risk Analysis", https://www.gkstill.com/Support/crowd-flow/fruin/Fruin1.html, (accessed by 19-08-2023).

60 洪芷菁：〈北區建友善商店網絡　為拾荒長者提供休息補給空間及停泊手推車〉，《香港01》，https://www.hk01.com/article/872476?utm_source=01articlecopy&utm_medium=referral，2023年8月19日瀏覽。

61　同註23，頁21-23。

62　同前註，頁25。

63　鄧寄姐，「拾平台」，https://www.facebook.com/wastepickerplatform/photos/pb.100064668462285.-2207520000./2185119108352810/?type=3，2023年8月17日瀏覽。

64　明報：〈葵芳拾荒婦雜物遭縱火，疑因爭發泡膠被報復〉，《明報新聞網》，https://news.mingpao.com/ins/%E6%B8%AF%E8%81%9E/article/20200413/s00001/1586750258156/%E8%91%B5%E8%8A%B3%E6%8B%BE%E8%8D%92%E5%A9%A6%E9%9B%9C%E7%89%A9%E9%81%AD%E7%B8%B1%E7%81%AB-%E7%96%91%E5%9B%A0%E7%88%AD%E7%99%BC%E6%B3%A1%E8%86%A0%E8%A2%AB%E5%A0%B1%E5%BE%A9，2023年8月17日瀏覽。

65　綠在區區：〈概述〉，「香港減廢網站」，https://www.wastereduction.gov.hk/zh-hk/waste-reduction-programme/greencommunity#toc–，2023年8月19日瀏覽。

66　理大賽馬會「騷・in・盧」：〈關懷長者就業〉，「香港理工大學賽馬會社會創新設計院」，https://www.polyujcsoinno.hk/zh/innovation-themes/s2/action-projects-elderly-work/wmh，2023年8月19日瀏覽。

67　五角拌：〈關於我們〉，「五角拌｜跟拾荒者走在一起」https://ngookak.wixsite.com/website?fbclid=IwAR3iA-5ne5IcRepyhUjpthDkN240MwfemqGwywp4_4vGOPnXejGtfwCsC0k，2023年12月26日瀏覽。

68　綠惜地球 The Green Earth：〈# 一毫子咪玩啦？〉，「綠惜地球 The Green Earth」https://www.facebook.com/greenearthhk/photos/a.251976585146266/1450304928646753/，2023年8月19日瀏覽。

69　綠惜地球 The Green Earth：〈# 支持膠樽按樽一元〉，「綠惜地球 The Green Earth」https://www.facebook.com/greenearthhk/photos/a.251976585146266/1451083735235539/，2023年8月19日瀏覽。

70　同註23，頁34。

71　同前註，頁37。

72　同前註，頁39。

73　同前註，頁42。

74　同前註，頁43。

75　Jeremy Seabrook 著，周素鳳譯：《看見垂老的世界》（台灣：巨流圖書股份有限公司，2015），頁18-19。

76　同前註，頁37。

77 同前註，頁39。

78 鄧寄姐，「拾平台」，https://www.facebook.com/wastepickerplatform/photos/pb.100064668462285.-2207520000./1686880484843344/?type=3，2023年8月17日瀏覽。

79 鄧寄姐，「拾平台」，https://www.facebook.com/wastepickerplatform/photos/pb.100064668462285.-2207520000./2185119108352810/?type=3，2023年8月17日瀏覽。

80 鄧寄姐，「拾平台」，https://www.facebook.com/wastepickerplatform/photos/pb.100064668462285.-2207520000./1981956665335723/?type=3，2023年8月17日瀏覽。

81 鄧寄姐，「拾平台」，https://www.facebook.com/wastepickerplatform/posts/pfbid033eKDrPLEPqomBxzp6x6CLekasuPsQiwjXKMrqD2FQA4LLG1B56yi2F1ZyZjPib16l，2023年8月17日瀏覽。

82 同註23，頁26。

83 環境保護署：〈廢紙收集及回收服務〉，「香港減廢網站」，https://www.wastereduction.gov.hk/zh-hk/waste-reduction-programme/waste-paper-collection-and-recycling-services，2023年8月17日瀏覽。

84 環境保護署：〈綠在區區〉，「香港減廢網站」https://www.wastereduction.gov.hk/zh-hk/waste-reduction-programme/greencommunity，2023年8月17日瀏覽。

85 "Leaving No One behind | I." n.d. Accessed February 26, 2025. https://unhabitat.org/sites/default/files/2022/11/un-habitat_niva_report_leaving_no_one_behind.pdf.

86 Lupinacci, Renata Campetti Amaral, Giovani Bruno Tomasoni, Manuela Demarche Mello, Livia. 2023. "Brazil: New Federal Decrees Published on Reverse Logistics and Incentive Programs for Waste Pickers." Global Compliance News. February 23, 2023. https://www.globalcompliancenews.com/2023/02/23/https-insightplus-bakermckenzie-com-bm-environment-climate-change_1-brazil-new-federal-decrees-published-on-reverse-logistics-and-incentive-programs-for-waste-pickers_02202023/.

87 同註85。

88 在恒常現金政策介入後，65歲及以上長者貧窮率達32%。

89 香港政府統計處：《2020年香港貧窮情況報告》(2020)。香港：政府統計處。

90 香港政府統計處：《香港的撫養趨勢》(2018)。香港：政府統計處。

91 香港社會福利署：《2024-25年度服務內容及統計數字》(2025)。香港：社會福利署。

92 香港嶺南大學：〈嶺大調查發現多達14%合資格香港長者沒申領現金福利補貼〉，《嶺南脈搏》，https://www.ln.edu.hk/cht/news/20210525/lu-study-finds-as-many-as-14-eligible-hong-kong-older-adults-do-not-claim-cash-welfare-subsidies/，2023年8月16日瀏覽。

93 立法會福利事務委員會：《長者現金福利》(2022)。香港：立法會福利事務委員會。

94 研究中的每位60歲或以上長者的基本生活開支(包括房屋開支)為 $3,449，按通賬調整後，2025年2月的金額為 $5,980。

95 香港社會服務聯會：《香港基本生活需要調查》(2005)。香港：香港社會服務聯會。

96 香港存款保障委員會：《香港人儲蓄「安全感」指標調查》(2024)。香港：香港存款保障委員會。

97 同註93。

98 香港政府統計處：《退休計劃及老年經濟狀況》(2012)。香港：政府統計處。

99 趙維生、陳錦華、余偉錦編：《靜水深流：唐信的全民社會構念》(2010)。香港：圓桌文化。頁56-60。

100 同註23，頁41。

101 關於拾荒者的心理健康狀況(表格18)，調查運用了兩種主要的心理健康測量工具，即PHQ-2和GAD-2。PHQ-2用於初步篩查抑鬱情況的工具，得分範圍在0-6之間，分數高或等於3，則可能有抑鬱風險；GAD-2用於篩查焦慮情況的工具，得分範圍在0-6之間，分數高或等於3，則可能有焦慮風險。

102 拾平台：《全港拾荒者調查研究報告》(2018)。香港：拾平台。

103 香港規劃署：〈城市規劃〉，《香港便覽》(2024)，https://www.pland.gov.hk/pland_tc/publications/hkfacts/index.html，2024年9月16日瀏覽。

104 士紳化(Gentrification)為由英國社會學家Ruth Glass於1964年發表的著作《*London: Aspects of Change*》中提出的概念。意指在舊區裡因環境更新或轉變出現新的服務業，吸引社會地位及消費能力較高的群體聚集，並取代了原本的群體。

105 Crystal Kwan, and Ho-Chung Tam, "Leaving No One behind in Healthy Ageing: A Unique Sub-Group, the 'Cardboard Grannies of Hong Kong,' *International Journal of Environmental Research and Public Health* 19, no. 15 (August 6, 2022): 9691. https://doi.org/10.3390/ijerph19159691.

106 同註23。

107 同註105。

108 Loretta I.T. Lou, "From Hygienic Modernity to Green Modernity: Two Modes of Modern Living in Hong Kong Since the 1970s" in Yunah Lee and Megha Rajguru (eds.), *Design and Modernity in Asia: National Identity and Transnational Exchange 1945-1990* (London: Bloomsbury Visual Art, 2022), 105-120.

109 Federico Damaria and Marcos Todt, "How waste pickers in the global South are being sidelined by new policies," *The Conversation* (March 1 2020), https://theconversation.com/how-waste-pickers-in-the-global-south-are-being-sidelined-by-new-policies-132521

110 Josie Wittmer, "Dirty Work in the Clean City: An Emboided Urban Political Ecology of Women Informal Reyclers' Work in the 'Clean City,'" *Environment and Planning E: Nature and Space* 6, no. 2 (2023), 1343-1365.

111 五角拌：〈在智慧城市與循環經濟之外：深入城市化下兩岸三地廢棄物回收業工人的世界〉，《全球化監察》（2023）。https://globalmon.org.hk/zh-hant/node/1718，2023年12月26日瀏覽。

112 同註23，頁15。

113 Pickers' Link- 拾連（2023），https://www.facebook.com/pickerslink，2023年12月26日瀏覽。

114 吳津宇：《社區共融廢物處理中心設計項目報告》（2021）。香港：理工大學賽馬會社會社創新設計院。

115 Josie Wittmer, "I salute them for their hardwork and contribution": inclusive urbanism and organizing women recyclers in Ahmedabad, India, *Urban Geography* (2023), DOI: 10.1080/02723638.2023.2192560

116 Jennifer L. Tucker and Manisha Anantharaman, "Informal Work and Sustainable Cities: From Formalization to Reparation," *One Earth*, 3 (September 18 2020). https://doi.org/10.1016/j.oneear.2020.08.012

117 Pimp My Carroça (2020), https://pimpmycarroca.com/projetos/acoes-artivistas/

118 International Alliance of Waste Pickers. "GlobalRec - Waste picker's Threats around the world" August 27, 2020. Educational video, 7:53. https://www.youtube.com/watch?v=8uNFnQIY2mg

119 基督教香港信義會社會服務部：《執紙之手——「拾連」社區回收職業支援服務計劃紀念特刊》（2023）。香港：基督教香港信義會社會服務部。

120 理大賽馬會「騷 · in · 盧」:〈廢物處理中心:以系統規劃方法促進社區共融〉,「香港理工大學賽馬會社會創新設計院」,https://soinnohub.polyujcsoinno.hk/zh-hant/case/%E7%A4%BE%E5%8D%80%E5%85%B1%E8%9E%8D%E5%BB%A2%E7%89%A9%E8%99%95%E7%90%86%E4%B8%AD%E5%BF%83%E7%9A%84%E7%A4%BE%E5%8D%80%E8%A8%AD%E8%A8%88%E9%A0%85%E7%9B%AE-%E5%B7%B2%E8%A8%88%E5%8A%83%E8%88%88/,2023年8月19日瀏覽。

121 環境保護署:〈生產者責任計劃〉,「環境保護署網站」,https://www.epd.gov.hk/epd/tc_chi/environmentinhk/waste/pro_responsibility/index.html,2023年8月17日瀏覽。

122 "Homepage | WIEGO." 2018. Wiego.org. 2018. https://www.wiego.org/.

123 global_rec. 2014. "Stats." *International Alliance of Waste Pickers*. December 3, 2014. https://globalrec.org/waw/stats/.

124 同前註。

125 同前註。

126 "Tanda Tangan Perjanjian Kerja Sama BPJS Tenaga Kerja Dg Ikatan Pemulung Indonesia Di Mang Kabayan Vida Bantar Gebang Kota Bekasi Tgl 11-1-2023." 2023. Si-Ipi.com. 2023. https://si-ipi.com/berita/lihat/148.

127 零點有數:《強制垃圾分類前後拾荒者生境研究報告》(2020)。中國:零點有數。

128 "China's Waste Import Ban Weighs Heavily on South Korean Wastepickers." n.d. Thediplomat.com. https://thediplomat.com/2019/12/chinas-waste-import-ban-weighs-heavily-on-south-korean-wastepickers/.

129 global_rec. 2014. "Philippines." *International Alliance of Waste Pickers*. March 15, 2014. https://globalrec.org/law-report/philippines/.

130 global_rec. 2014. "Cambodia." *International Alliance of Waste Pickers*. March 15, 2014. https://globalrec.org/law-report/cambodia/.

131 global_rec. 2014. "India." *International Alliance of Waste Pickers*. March 15, 2014. https://globalrec.org/law-report/india/.

132 組織在垃圾場旁邊為她們的孩子建立了日托兼學前班。

133 "The Six City Corporation Ordinances and Pourshava Ordinance 1977 State Thus." n.d. Accessed February 26, 2025. https://globalrec.org/wp-content/uploads/2014/03/Provisions-contained-in-Local-Laws.pdf.

134 "The New Generation of Buenos Aires Trash Pickers Reenergizing Recycling in the Capital." 2016. *The Guardian*. January 20, 2016. https://www.

theguardian.com/environment/2016/jan/20/buenos-aires-litter-pickers-cartoneros-recycling-argentina-environment.

135 Navarrete-Hernandez, Pablo, and Nicolas Navarrete-Hernandez. 2018. "Unleashing Waste-Pickers' Potential: Supporting Recycling Cooperatives in Santiago de Chile." *World Development* 101 (January): 293–310. https://doi.org/10.1016/j.worlddev.2017.08.016.

136 global_rec. 2016. "Mexico City Recognizes the Rights of Informal Waste Pickers." *International Alliance of Waste Pickers*. August 23, 2016. https://globalrec.org/2016/08/22/mexico-city-recognizes-the-rights-of-informal-waste-pickers/.

137 拾平台：〈亞太地區拾荒者與拾荒者組織研討會〉，https://www.facebook.com/wastepickerplatform/posts/pfbid02h4MzHfW6omVTaNNNU39FFWcGec2gqfYMmu6S8p7ZwiAXnwcJ6ykMy5YozHjhsSUDl?locale=zh_HK，2023年8月18日瀏覽。

138 樓瑋群：《香港拾荒長者研究報告》(2007)。香港：香港社會服務聯會。https://www.hkcss.org.hk/wp-content/uploads/2019/05/20110603_%E3%80%8C%E9%A6%99%E6%B8%AF%E6%8B%BE%E8%8D%92%E9%95%B7%E8%80%85%E7%A0%94%E7%A9%B6%E3%80%8D%E5%A0%B1%E5%91%8A%E6%9B%B8-%E4%B8%AD%E6%96%87%E7%89%88.pdf，2023年8月18日瀏覽。

139 同前註。

140 同前註。

141 同前註。

142 徐斯筠：〈被社會邊緣化的群體——香港拾荒長者生存狀態研究〉(2012)，《香港人類學》，https://www.arts.cuhk.edu.hk/~ant/hka/documents/2012/HKA6_TSUI.pdf，2023年8月18日瀏覽。

143 邱靖汶、鄭秋玲：〈【紙皮婆婆】涉1蚊賣紙皮遭檢控　食環署跪低撤控〉，《香港01》，https://www.hk01.com/article/98940?utm_source=01articlecopy&utm_medium=referral，2023年8月18日瀏覽。

144 同註3。

145 同註99，頁3。

146 同前註，頁32。

147 陳淑霞：《拾荒婆婆蘭姐獲撤控現身説法　團體斥食環涼薄執法　促友善對待》，《香港01》，https://www.hk01.com/article/222922?utm_source=01articlecopy&utm_medium=referral，2023年8月18日瀏覽。

148 同註22。

149 同註10。

150 眾新聞：〈羅致光叫黃婆婆找勞工處　審計報告揭「中高齡就業計劃」等搵工服務成效不彰〉，「yahoo! 新聞網」，https://ynews.page.link/7sqV，2023年8月18日瀏覽。

151 同註66。

152 同前註。

153 同註21。

154 張雅婷、勞敏儀：〈【廢紙圍城】回收基金擬撥1500萬補貼回收商　冀直接幫助紙皮婆婆〉，《香港01》，https://www.hk01.com/社會新聞/355469/廢紙圍城-回收基金擬撥1500萬補貼回收商-冀直接幫助紙皮婆婆?utm_source=01webshare&utm_medium=referral&utm_campaign=non_native，2023年8月18日瀏覽。

155 環境保護署：〈廢紙收集及回收服務〉，「香港減廢網站」，https://www.wastereduction.gov.hk/tc/waste_paper_collection_and_recycling_services.htm，2023年8月18日瀏覽。

156 拾平台：《「全港廢紙收集及回收服務計劃」──推行後對拾荒工作者的影響問卷調查研究報告》（2021）。香港：拾平台。頁3。

157 同註37。

158 V Cycle，https://www.vcycle.com.hk/our-work-1，2023年8月16日瀏覽。

159 再生玩具店，https://www.facebook.com/AnewToys/?locale=zh_HK，2023年8月18日瀏覽。

160 綠惜地球：〈「回樽有賞」社區回收試驗計劃〉，「綠惜地球網站」，https://greenearth.org.hk/2018/11/20181119/，2023年8月18日瀏覽。

161 綠色力量：〈現金回收紙包盒－試驗了什麼？〉，「綠色力量網站」，https://www.greenpower.org.hk/chi-all-about-greens/drink-carton-recycling-cash-reward-what-have-we-found，2023年8月18日瀏覽。

162 South China Morning Post. 2021. South China Morning Post. November 17, 2021. https://www.scmp.com/news/hong-kong/society/article/3156177/hong-kongs-waste-pickers-deserve-more-respect-and-better?module=perpetual_scroll_0&pgtype=article&campaign=3156177.

163 同註119。

164 同前註。

165 同前註。

166 Doherty, Jacob. 2018. "Why Is This Trash Can Yelling at Me? Big Bellies and Clean Green Gentrification." *Anthropology Now* 10 (1): 93–101. doi:10.1080/19428200.2018.1437983.

167 Sharma, Sneha. *Waste(d) Collectors: Politics of Urban Exclusion in Mumbai*. 1st ed. transcript Verlag, 2022. http://www.jstor.org/stable/j.ctv371c1bx.

168 同註138。

169 同註23，頁42。

170 Still, Keith. 2018. "Crowds - Levels of Service (Fruin) | Prof. Dr. G. Keith Still." Gkstill.com. 2018. https://www.gkstill.com/Support/crowd-flow/fruin/Fruin1.html.

171 同註121。

172 Lap Yan Kung, "For God so Loved the World: Global Warming and Asian Churches," *Epworth Review*, 35 (2006): 2, 29-37.

173 Mikel Burley, "Dislocating the Eschaton? Appraising Realized Eschatology," *Sophia*, 56 (2017), 435-452.

174 Miroslav Volf and Matthew Croasmun, "*For the Life of the World: Theology that Makes a Difference*" (Grand Rapids: Brazos, 2019), 11.

拾荒的人 —— 香港拾荒者勞動紀實

編著　鄧永謙
採訪　李慧筠、潘曉彤
責任編輯　吳子晴
校對　張小鳴、吳子晴、鄧永謙
設計師　羅秀
攝影師　何家豪
行銷企劃　林君宜
出版　dirty press
地址　Flat f, 25/F., Tower 16, Hoi Tsui Mans., Riviera Gdns., Tsuen Wan, NT, HONG KONG
Email　dirtypress@gmail.com
Facebook　https://www.facebook.com/dirtypress.hk
Instagram　https://www.instagram.com/dirty.press_clean.press
Thread　https://www.threads.net/@dirty.press_clean.press

Ma Chun Kwan
地址　Flat f, 25/F., Tower 16, Hoi Tsui Mans., Riviera Gdns., Tsuen Wan, NT, HONG KONG

香港發行　一代匯集
地址　九龍旺角塘尾道 64 號龍駒企業大廈 10 樓 B & D 室
電話　2783 8102
電郵　gcbookshop@biznetvigator.com

海外總經銷　紅螞蟻圖書有限公司
地址　臺北市 114 內湖區舊宗路二段 121 巷 19 號
電話　02-27953656
傳真　02-27954100
電郵　red0511@ms51.hinet.net

承印　海洋印務有限公司

2025 年 5 月初版
國際書號　978-988-76681-2-1
圖書分類　①社會科學 ②社會學 ③老人問題 ④環境保護
售價　港幣 160 元 / 新台幣 550 元